Das One-Pot Kochbuch

100 schnelle und leckere Rezepte aus einem Topf

inklusive vegetarische-, Low-Carb- und Kindergerichte mit Desserts

Einfach und gesund kochen

Rezeptübersicht

Vorwort 13

One Pot Suppen und Eintöpfe 15

Maritime Tomatensuppe 16

Pfirsich-Tomatensuppe mit Mozzarella 18

Fleischsuppe mit Käse 20

Karotten-Cremesuppe 22

Kartoffel-Cremesuppe mit Kräutern 24

Ochsenschwanzsuppe 26

Tomatensuppe 29

Brokkoli-Suppe 32

Möhren-Orangen-Suppe 34

Scharfe Tomatensuppe mit Lavendel 36

Kürbis-Karotten-Ingwer-Cremesuppe 38

Eintopf aus Tomaten-Bohnen-Kartoffeln 40

Eintopf aus Rindfleisch-Bohnen-Kartoffeln 42

Eintopf aus Karotten-Kartoffeln-Käse 44

Soljanka 46

Paprika-Cremesuppe ... 49
One Pot Gerichte mit Nudeln ... 51
Nudeln mit Tomaten und Basilikum ... 52
Nudeln mit Frischkäsesauce und Räucherlachs ... 54
Nudeln mit Pak Choi und Paprika ... 56
Nudeln mit Kürbis ... 58
Nudeln mit Speck und Mangold ... 60
Hühnerbrust in Nudeln ... 62
Nudeln in Hackfleisch ... 64
Nudeln in Linsen, Bohnen und Brokkoli ... 66
Nudeln mit Paprika-Mix ... 68
Nudeln in Tomaten und Knoblauch ... 70
Nudeln in Tomaten und Mozzarella ... 72
Scharfe Nudeln ... 74
One Pot Gerichte mit Reis ... 76
Reispfanne mit Karotten in Curry-Sahne ... 77
Reispfanne mit Gemüse und Pilzen ... 79
Reispfanne mit Hackfleisch ... 81

Reispfanne mit Gemüse und Feta 83
Scharfe Reispfanne 85
Reisfleisch mit Tomatenmark 87
Reisknödel 89
One Pot Rezepte mit Fleisch 91
Pasta mit Hähnchen 92
Jambalaya 94
Rindergeschnetzeltes 97
Pasta mit Chili und Käse 99
Putenfleisch mit Reis 101
Hähnchen-Rigatoni 103
Fruchtiger Putentopf 105
Hackfleisch-Gemüse-Topf 107
Herbstlicher Gulascheintopf 109
Geschmortes Rind mit Wintergemüse 111
One Pot Rezepte mit Fisch & Meeresfrüchten 113
Pasta mit Spinat und Räucherlachs 114
Pasta mit Spargel und Lachs 116

Spaghetti mit Garnelen....118
Pasta mit Garnelen und Spinat....120
Jambalaya mit Meeresfrüchten....122
Pasta mit Lachs, Garnelen und Spinat....125
Kabeljau-Pfanne mit Steinpilz-Spaghetti....127
Fischeintopf mit Muscheln und Garnelen....129
Seeteufel-Eintopf....131
Fischtopf mit Reis und Zucchini....133
Vegetarische One Pot Rezepte
....135
Kartoffel-Zucchini-Eintopf....136
Marokkanischer Kichererbsentopf....138
Fettuccine mit Gemüse....143
Quinoa-Chili mit Bohnen und Avocado....145
Spaghetti mit Paprika....148
Pasta Caprese....150
Rigatoni mit Pilzen....152
Quinoa-Bowl....154

Linsenchili mit Reis 156
Scharfe Nudeln 159
Asiatische One Pot Rezepte 161
Curry mit Süßkartoffeln und Rindfleisch 162
Ciabatta mit Tomaten 164
Linsen-Dal 166
Thai-Curry-Pasta 168
Thai-Erdnuss-Nudeln 170
Glasnudel-Curry 172
Curry mit Mandel-Nuss-Tofu 174
Glasnudel-Topf mit Lachs 177
Nudeln mit Pak Choi und Paprika 179
Asiatischer Hähnchentopf mit Gemüse 181
One Pot Low Carb Rezepte 183
Zucchini-Spaghetti mit Feta und Zitrone 184
Hähnchen mit Gemüse und Erdnüssen 186
Zucchini-Nudeln mit Tomaten 188
Zucchini-Hackfleisch-Topf 190

Kohleintopf 192
Gemüsepizzatopf 194
Blumenkohltopf mit Tomaten 196
Pasta mit Lachs-Sahne-Sauce 198
Spaghetti mit Rucola 200
Zucchini-Nudeln mit Garnelen und Tomaten 202
One Pot Gerichte für Kinder 204
Brokkoli-Pasta 205
Konfettipfanne 207
Nudeln mit Kürbis 209
Schupfnudeltopf 211
Nudeln mit Tomatensauce 213
Hühner-Gemüse-Topf 215
Roter Linseneintopf 217
Chili con Carne für Kinder 219
Bohnentopf mit Nudeln 221
Wirsing-Farfalle-Eintopf 223
One Pot Desserts 226

Birnen auf Blätterteig 227
Kuchen im Topf 229
Milchreis 231
Heidelbeer-Omelette mit Vanilleeis 233

Vorwort

One-Pot Gerichte sind die Revolution des Kochens!

One-Pot Gerichte sind nicht nur sehr lecker, sondern lassen sich auch schnell zubereiten und das mit nur wenig Aufwand. Zeit, die du gut für andere Dinge nutzen kannst, z.B. dich mit deinem Besuch oder deinen Kindern zusammenzusetzen. Nach dem Essen ist ebenfalls nur sehr wenig abzuwaschen.

In diesem Buch findest du 100 leckere Gerichte, die einfach zuzubereiten sind. Ich habe einige der leckersten Gerichte herausgesucht und für dich aufgeschrieben. Ich bin mir sicher, dass du den geringen Aufwand und die leckeren Gerichte lieben wirst. Dazu findest du auch Dessert Rezepte aus einem Topf, wie z.B. Milchreis und Kindergerichte.

Die Gerichte eignen sich natürlich auf für Berufstätige, die trotz Stress auch gesund und lecker essen möchten. Also leg los und guten Appetit!

– Deine Sara

One Pot Suppen und Eintöpfe

Maritime Tomatensuppe

Für 4 Portionen

Zubereitungszeit: 45 Minuten

Schwierigkeitsgrad: leicht

Zutaten:

250 Gramm Tiefkühl-Garnelen

1 Dose Tomaten (ca. 850 Milliliter)

1 rote Paprikaschote

2 Zwiebeln, gewürfelt

2 Knoblauchzehen, fein gewürfelt

4 Esslöffel Olivenöl

250 Milliliter Gemüsebrühe

300 Gramm Kirschtomaten

600 Gramm Seelachsfilet

Salz, Pfeffer, 2 Lorbeerblätter

Einige Stängel Petersilie, gehackt

Zubereitung:

1. Die Garnelen auftauen lassen. Den Fisch in Würfel schneiden.

2. Die Paprika in Würfel schneiden und die Tomaten halbieren.

3. Öl in das Feuer geben und wenn es heiß ist, die Zwiebeln, den Knoblauch und den Paprika für 5 Minuten hinzufügen.

4. Mit der Brühe und den Tomatenkonserven ablöschen, die Tomaten pürieren.

5. Lorbeerblätter, Pfeffer und Salz hinzufügen. Ca. 10 Minuten garen, die Kirschtomaten dazugeben und weitere 10 Minuten garen.

6. Fisch und Garnelen hinzufügen und ca. 5 Minuten kochen lassen.

7. Mit Petersilie servieren.

Pfirsich-Tomatensuppe mit Mozzarella

Für 2 Portionen

Zubereitungszeit: 30 Minuten

Schwierigkeitsgrad: leicht

Zutaten:

12 gelbe Rispentomaten

3 Pfirsiche

1 cm Ingwerknolle, gerieben

3 Teelöffel Zitronensaft

Ingwerpulver

1 Päckchen Mozzarella-Kugeln

1 Schuss Sahne

1 Esslöffel Zitronensaft

Olivenöl

Einige Minzeblättchen

Zubereitung:

1. Die Tomaten schräg schneiden und 20 Minuten in kochendes Wasser geben.

2. Das Wasser ablassen und die Tomaten in kaltem Wasser abkühlen lassen. Die Pfirsiche schräg schneiden und 30 Sekunden blanchieren. Die Haut von den Tomaten und Pfirsichen entfernen und das Fleisch würfeln.

3. Pfirsiche, Tomaten, Ingwer und Sahne mit einem Stabmixer putzen. Mit Zitronensaft, Salz und Pfeffer würzen und 30 Minuten abkühlen lassen.

4. die Suppe mit Mozzarellakugeln, Olivenöl und Minzeblättern servieren.

Fleischsuppe mit Käse

Zutaten für 4 Portionen

400 g Hackfleisch, gemischt

200 g Schmelzkäse,

Kräuter

5 Kartoffel, mittelgroß

2 Stangen Lauch

1 l Gemüsefond

Salz, Pfeffer

Muskat

Olivenöl

Zubereitung:

1. Tomaten kreuzweise einschneiden und 20 Minuten in kochendes Wasser geben. Wasser abgießen und Tomaten mit kaltem Wasser abkühlen. Pfirsiche kreuzweise einschneiden und 30 Sekunden blanchieren. Von den Tomaten und Pfirsichen die Haut abziehen und das Fruchtfleisch würfeln.

2. Pfirsiche, Tomaten, Ingwer und Sahne mit dem Stabmixer pürieren. Mit Zitronensaft, Salz und Pfeffer abschmecken und 30 Minuten kühlen.

3. Suppe mit Mozzarella-Kugeln, Olivenöl und Minzeblättchen servieren.

Karotten-Cremesuppe

Zutaten für 2 Portionen

2 Karotten, groß

1 Petersilienwurzel

2 Kartoffeln, groß

10 g Sellerie

450 ml Gemüsefond

1 Handvoll Rucola, fein gehackt

Salz, Pfeffer, Muskatnuss

Mandelblättchen

Zubereitung:

1. Das Gemüse putzen und in etwa 1 cm große Stücke schneiden.

2. In einem Topf den Gemüsefond aufkochen lassen, das Gemüse hineingeben und zugedeckt etwa 15 Minuten garen lassen.

3. Die Suppe mit einem Stabmixer im Topf pürieren, nach Belieben würzen.

4. Beim Anrichten die Suppe mit dem fein gehackten Rucola und den Mandelblättchen bestreuen.

Kartoffel-Cremesuppe mit Kräutern

Zutaten für 4 Portionen

500 g Kartoffeln

1 l Gemüsefond

250 ml Buttermilch

2 EL Mehl

1 Zwiebel, fein gehackt

Frische Kräuter (Petersilie, Kerbel, Schnittlauch, Kresse, Majoran…)

Salz, Pfeffer, Muskat, Öl

Zubereitung:

1. Die Kartoffeln schälen und in kleine Stücke schneiden, die Zwiebel fein hacken.

2. In einem Topf etwa 2 EL Öl erhitzen und die Zwiebel glasig dünsten. Die Kartoffelstücke hinzufügen, mit Mehl bestäuben und mitdünsten.

3. Mit dem Gemüsefond ablöschen und die Suppe zugedeckt etwa 20 Minuten lang köcheln lassen.

4. Dazwischen die Kräuter putzen, klein schneiden und zusammen mit der Buttermilch mit dem Stabmixer pürieren. Beiseitestellen.

5. Nun mit dem Stabmixer auch die heiße Suppe pürieren, würzen und noch einmal kurz aufkochen lassen.

6. Den Buttermilch-Kräuter-Mix in die Suppe einrühren, schaumig aufschlagen und nach Bedarf nachwürzen.

Ochsenschwanzsuppe

Für 4 Portionen

Zubereitungszeit: ca. 3 Stunden

Schwierigkeitsgrad: leicht

Zutaten:

750 Gramm Ochsenschwanz

2 Möhren

¼ Sellerieknolle

½ Porreestange

2 Zwiebeln, gewürfelt

2 Esslöffel Tomatenmark

2 Teelöffel Butterschmalz

1 Liter Gemüsebrühe

1/8 Liter Rotwein

10 Pimentkörner

1 Lorbeerblatt

Einige Pfefferkörner

40 Gramm Mehl

60 Gramm Butter

Salz, Pfeffer

Etwas Madeira

Zubereitung:

1. Möhren und Sellerie schälen und würfeln. Porree in Ringe schneiden. Butterschmalz erhitzen und Ochsenschwanz darin anbraten. Zwiebeln und Gemüse dazugeben und mitschmoren. Tomatenmark unterrühren, mitschmoren.

2. Mit Rotwein und Brühe ablöschen. Gewürze dazugeben und alles ungefähr zweieinhalb Stunden kochen.

3. Fleisch herausnehmen, von den Knochen lösen und in feine Stücke schneiden. Flüssigkeit durch ein Sieb gießen und das Gemüse ausdrücken.

4. Butter erhitzen und Mehl einrühren. Brühe langsam unterrühren. Fleisch dazugeben, mit Madeira, Salz und Pfeffer abschmecken.

Tomatensuppe

Für 8 Portionen

Zubereitungszeit: 90 Minuten

Schwierigkeitsgrad: leicht

Zutaten:

2 kg Tomaten

3 Esslöffel Olivenöl

2 Zwiebeln, gewürfelt

3 Knoblauchzehen, fein gewürfelt

1 Rosmarinzweig

2 Oreganozweige

2 Teelöffel Zucker

1 Teelöffel Zitronensaft

4 ungebrühte Bratwürste ohne Darm

Salz, Pfeffer

50 Milliliter Sahne

Zubereitung:

1. Kräuter von den Stängeln zupfen. Tomaten achteln. Ein Backblech mit Backpapier bestreichen und Backpapier mit Olivenöl bestreichen. Kräuter, Tomaten und Zwiebeln auf dem Backpapier verteilen. Knoblauchwürfel an die Tomaten legen. Tomaten 45 Minuten bei 180 Grad Ober- und Unterhitze im Backofen trocknen, dann die Temperatur auf 210 Grad erhitzen. Zucker über die Tomaten streuen und das Backblech auf die obere Schiene schieben. Tomaten noch 7 Minuten karamellisieren.

2. Tomaten und Flüssigkeit in eine Schüssel geben. Mit Tomatenmark, Pfeffer und Salz abschmecken und mit

dem Stabmixer pürieren. Durch ein Sieb in einen Topf streichen und erhitzen.

3. Bratwurstmasse zu Klößchen formen und in Öl goldbraun braten. Suppe mit den Bratwurstklößchen und Sahne servieren.

Brokkoli-Suppe

Für 2 Portionen

Zubereitungszeit: 30 Minuten

Schwierigkeitsgrad: leicht

Zutaten:

500 Gramm Brokkoli

1 Kartoffel

150 Gramm Feldsalat

100 Gramm Emmentaler

Etwas Zitronenabrieb

Gemüsebrühe

Muskatnuss, Salz, Pfeffer

Saft einer halben Zitrone

1 Handvoll Nüsse

50 Milliliter Sahne

Zubereitung:

1. Brokkoli in Röschen teilen. Kartoffel schälen und würfeln. Kartoffeln und Brokkoli bissfest garen und das Kochwasser auffangen.

2. Vom Kochwasser die Hälfte zu Brokkoli und Kartoffeln geben und pürieren. Zitronenabrieb und Feldsalat dazugeben, pürieren.

3. Emmentaler in Stücke schneiden, in die Suppe geben und schmelzen. Muskatnuss in die Suppe reiben, Salz und Pfeffer hinzufügen. Zitronensaft unterrühren.

4. Nüsse rösten. Suppe mit Sahne und Nüssen servieren.

Möhren-Orangen-Suppe

Für 4 Portionen

Zubereitungszeit: 35 Minuten

Schwierigkeitsgrad: leicht

Zutaten:

700 Gramm Möhren

3 unbehandelte Orangen

1 Kartoffel

10 Gramm Ingwer, gerieben

1 Zwiebel, gewürfelt

1 Liter Gemüsebrühe

1 Esslöffel Butterschmalz

1 Messerspitze Kurkuma

Salz, Pfeffer

2 Teelöffel Honig

50 Gramm Schlagsahne

100 Gramm Creme Fraiche

Zubereitung:

1. Möhren und Kartoffel schälen und würfeln. Von einer Orange die Schale abreiben. Die Orangen auspressen.

2. Butterschmalz erhitzen und Möhren, Kartoffel und Zwiebel anbraten. Das Gemüse soll nicht braun werden. Brühe, Orangensaft, Orangenschale, Ingwer und Gewürze dazugeben und noch 20 Minuten köcheln lassen.

3. Honig und Schmand in die Suppe geben und Suppe pürieren. Sahne schlagen und die Suppe damit servieren.

Scharfe Tomatensuppe mit Lavendel

Zutaten für 2 Portionen

300 g Tomaten aus der Dose

150 ml. Gemüsefond

1 Zwiebel, fein gehackt

1 Knoblauchzehe, fein gehackt

Öl, Salz, Pfeffer, Chilli, Koriander, Kümmel

1 Lavendel-Zweig

Zubereitung:

1. In einem Topf etwa 1 EL Öl erhitzen und darin die Zwiebel und den Knoblauch glasig dünsten. 5 Blättchen des Lavendels ebenfalls feinhacken und hinzufügen.

2. Die Tomaten samt der Flüssigkeit dazu geben und mit den Gewürzen abschmecken. Zugedeckt etwa 15 Minuten lang köcheln lassen.

3. Mit einem Stabmixer die Suppe fein pürieren, nach Belieben nachschärfen. Mit Lavendel-Blüten bestreut die Suppe servieren. Tipp: Die Gewürze können mit etwa 1 TL Harissa ersetzt werden

Kürbis-Karotten-Ingwer-Cremesuppe

Zutaten für 2 Portionen

100 g Karotten

100 g Kürbis

30 g Ingwer, geraspelt

1 Zwiebel, klein, fein gehackt

1 Knoblauchzehe, fein gehackt

400 ml Gemüsefond

100 ml Kokosmilch

Salz, Curry, Öl

Zubereitung:

1. Die Karotte und den Kürbis schälen und in kleine Stücke schneiden.

2. In einem Topf das Öl erhitzen und darin die Zwiebel und den Knoblauch glasig dünsten. Den Ingwer einraspeln.

3. Das Ganze mit dem Gemüsefond ablöschen, die Karotten- und Kürbisstücke dazugeben, würzen und etwa 10 Minuten lang köcheln lassen.

4. Nun die Kokosmilch in die Suppe gießen, mit dem Stabmixer alles zusammen pürieren und noch einmal kurz aufkochen lassen. Beliebig nachwürzen.

Eintopf aus Tomaten-Bohnen-Kartoffeln

Zutaten für 4 Portionen:

1 große Dose Tomaten

1 groß Dose grüne Bohnen

4 Kartoffeln

1 Mettwurst

2 Zwiebeln, fein gehackt 1 EL Gemüsefond Salz, Pfeffer, Öl

Zubereitung

1. In einem Topf etwa 1 EL Öl erhitzen und darin die Zwiebel glasig dünsten.

2. Den Inhalt der Dose Tomaten und die Flüssigkeit aus der Dose Bohnen hinzufügen und dieses etwa 10 Minuten lang köcheln lassen.

3. Nun die Mettwurst, in kleinere Stücke geschnitten, hinzufügen, mit Salz und Pfeffer würzen und erneut etwa 10 Minuten lang köcheln lassen.

4. Dazwischen die Kartoffeln schälen und in kleine Würfel schneiden, ebenso die Bohnen in mundgerechte Stücke. Dieses in die Suppe geben und für eine weitere halbe Stunde auf kleiner Stufe köcheln lassen.

Eintopf aus Rindfleisch-Bohnen-Kartoffeln

Zutaten für 4 Portionen

500 g Rindfleisch, mager

800 g grüne Bohnen

500 g Kartoffeln

1 Zwiebel, groß, fein gehackt

750 ml. Gemüsefond

Salz, Pfeffer, Bohnenkraut, Öl

Zubereitung:

1. Das Fleisch in Würfel schneiden.

2. In einem Topf etwa 2 EL Öl erhitzen und das Fleisch darin rundum anbraten. Die Zwiebeln hinzufügen, mit Salz und Pfeffer würzen und mit der Hälfte des Gemüsefonds ablöschen. Zugedeckt etwa 20 Minuten lang schmorren lassen.

3. Dazwischen die Bohnen in mundgerechte Stücke schneiden. Die Kartoffeln schälen und in Würfel schneiden. Das Bohnenkraut (2 Stängel) waschen und trockentupfen.

4. Diese Zutaten zusammen mit dem restlichen Gemüsefond zum Fleisch hinzufügen, kurz aufkochen lassen und auf kleiner Stufe fertig köcheln lassen. Vor dem Servieren die Stängel Bohnenkraut entfernen.

Eintopf aus Karotten-Kartoffeln-Käse

Zutaten für 4 Portionen:

400 g Karotten

500 g Kartoffeln

350 g Depreziner (Cabanossi, Kletzer), in Scheiben geschnitten

200 g Schmelzkäse

Kräuter

1 Zwiebel, groß, fein gehackt

1 Stange Lauch

1 EL Mehl

950 ml Gemüsefond

200 ml Schlagsahne

Salz, Pfeffer, Petersilie, Öl

Zubereitung:

1. Die Karotten schälen und in Scheiben schneiden. Die Kartoffel schälen und in Würfel schneiden. Den Lauch in Ringe schneiden. Die Wurst in Scheiben schneiden.

2. In einem Topf 3 EL Öl erhitzen und die Wurstscheiben darin anbraten. Die Zwiebel dazumengen und glasig andünsten. Mit Mehl bestauben und mit etwas Fond angießen.

3. Nun die Karotten und Kartoffeln dazugeben und den Rest des Fonds. Das Ganze etwa 15 Minuten lang köcheln lassen.

4. Den Schmelzkäse und die Sahne unterrühren, die Lauchringe hinzufügen und mit Salz und Pfeffer würzen. Mit gehackter Petersilie bestreuen.

Soljanka

Für 2 Portionen

Zubereitungszeit: ca. 1 Stunde

Schwierigkeitsgrad: leicht

Zutaten:

300 Gramm Jagdwurst

150 Gramm Salami

150 Gramm Speck

1 Zwiebel, gewürfelt

2 Knoblauchzehen, fein gewürfelt

1 Esslöffel Olivenöl

1 grüne Paprikaschote

1 rote Paprikaschote

3 Esslöffel Tomatenmark

10 Cornichons

Gurkenwasser von den Cornichons

1 Liter Fleischbrühe

1 Teelöffel Chilipulver

1 Lorbeerblatt

1 Esslöffel Paprika edelsüß

Salz, Pfeffer

1 Bund Schnittlauch, in Röllchen

2 Esslöffel Schmand

Zubereitung:

1. Wurst und Speck in Würfel schneiden. Paprika in Würfel, Cornichons in Scheiben schneiden. Speck auslassen und braten. Wurst dazugeben und anbraten. Zwiebel und Knoblauch hinzufügen und mitbraten.

2. Mit Brühe ablöschen. Tomatenmark, Paprika, Gurken und Lorbeerblatt dazugeben und etwa 30 Minuten kochen. Gurkenwasser und alle Gewürze unterrühren. Mit Schnittlauch und Schmand servieren.

Paprika-Cremesuppe

Für 2 Portionen

Zubereitungszeit: 30 Minuten

Schwierigkeitsgrad: leicht

Zutaten:

450 Gramm Kirschtomaten

4 rote Paprikaschoten

1 Zwiebel, gewürfelt

1 Esslöffel Öl

½ Bund Petersilie, gehackt

300 Milliliter Gemüsebrühe

100 Milliliter Schlagsahne

2 Esslöffel Creme Fraiche

2 Teelöffel Paprikapulver

Salz, Pfeffer

100 Gramm getrockneter Schnittkäse.

Zubereitung:

1. Tomaten vierteln, Paprika in Streifen schneiden. Öl erhitzen und Zwiebel darin anbraten. Paprika dazugeben und mitbraten.

2. Tomaten hinzufügen und braten. Gemüsebrühe, Sahne und Gewürze unterrühren und 10 Minuten köcheln lassen.

3. Käse bei 220 Grad im Backofen aufpoppen lassen. Suppe mit Creme Fraiche und Käse servieren.

One Pot Gerichte mit Nudeln

Nudeln mit Tomaten und Basilikum

Für 4 Portionen

Zubereitungszeit: 15 Minuten

Schwierigkeitsgrad: leicht

Zutaten:

500 Gramm Nudeln

400 Gramm gehackte Tomaten aus der Dose

5 Knoblauchzehen, gewürfelt

1 Zwiebel, gewürfelt

1 Bund Basilikum

1 Liter Gemüsebrühe

2 Esslöffel Oregano, getrocknet

3 Esslöffel Olivenöl Salz, Pfeffer Parmesan, gerieben

Zubereitung:

1. Nudeln, Tomaten, Zwiebeln, Knoblauch und Oregano in einen Topf geben und kochende Gemüsebrühe dazugeben. Olivenöl unterrühren.

2. Alles etwa 10 Minuten kochen lassen. Würzen. Basilikum grob zerschneiden und zusammen mit Parmesan über die Nudeln geben.

Nudeln mit Frischkäsesauce und Räucherlachs

Für 3 Portionen

Zubereitungszeit: 15 Minuten

Schwierigkeitsgrad: leicht

Zutaten:

300 Gramm Rigatoni

100 Gramm Räucherlachs

150 Milliliter Sahne

1 Packung Frischkäse (ca. 150 Gramm)

1 Zwiebel, gewürfelt

5 Zweige Dill

1 ½ Esslöffel

Olivenöl

Salz, Pfeffer

Zitronensaft

Zubereitung:

1. Nudeln in Salzwasser garen.

2. Olivenöl erhitzen und Zwiebeln darin anbraten. Frischkäse und Sahne dazugeben, einreduzieren lassen. Lachs in Stücke schneiden, Dill fein hacken.

3. Nudeln abgießen und in die Sauce geben. Salz, Pfeffer, Lachs und Dill unterheben. Mit Zitronensaft abschmecken.

Nudeln mit Pak Choi und Paprika

Für 2 Portionen

Zubereitungszeit: 20 Minuten

Schwierigkeitsgrad: leicht

Zutaten:

240 Gramm Hähnchenbrust

200 Gramm Pak Choi

1 rote Paprikaschote

230 Gramm Spaghetti

150 Milliliter Kokosmilch

20 Milliliter Sojasauce

20 Milliliter Sesamöl

2 Gramm Gewürzmischung

250 Milliliter Gemüsebrühe

Salz, Pfeffer

Zubereitung:

1. Pak Choi und Paprika in Streifen schneiden. Sojasauce und Gewürzmischung verrühren und das Fleisch darin etwa eine Stunde marinieren. Hähnchenfleisch würfeln.

2. Brühe und Kokosmilch zum Kochen bringen und alle Zutaten bis auf Salz, Pfeffer und Sesamöl hineingeben. Etwa 15 Minuten kochen lassen. Mit Salz und Pfeffer würzen und mit Sesamöl beträufeln.

Nudeln mit Kürbis

Für 3 Portionen

Zubereitungszeit: 25 Minuten

Schwierigkeitsgrad: leicht

Zutaten:

350 Gramm Hokkaido-Kürbis

120 Gramm Möhren

1 Zwiebel, gewürfelt

250 Gramm Penne

400 Milliliter Gemüsebrühe

400 Milliliter Kokosmilch

2 Esslöffel Öl

Zubereitung:

1. Kürbis und Möhren schälen und würfeln.

2. Öl erhitzen und die Zwiebel darin anbraten. Mit Kokosmilch und Brühe ablöschen. Möhren und Kürbis zu den Zwiebeln geben und 5 Minuten kochen.

3. Nudeln dazugeben und unter Rühren garen.

Nudeln mit Speck und Mangold

Zutaten für 4 Portionen

400 g Nudeln (Bandnudeln, Spiralen)

70 g Speck, mager, in Streifen geschnitten

4 Stangen Mangold 1 Zwiebel, groß, fein gehackt 150 ml Weißwein Frische Kräuter (Petersilie, Kerbel, Schnittlauch, Minze)

Salz, Pfeffer, Öl, 1 EL Butter

Zubereitung:

1. In einem Topf Wasser zum Kochen bringen und die Nudeln darin bissfest garen.

2. Dazwischen den Mangold in Stücke schneiden. Die Kräuter fein hacken.

3. Die Nudeln abseihen, jedoch ca. 100 ml. Kochwasser zurückbehalten. 4. Im Topf etwa 1 EL. Öl erhitzen und darin den Speck knusprig anbraten, herausnehmen und beiseitestellen.

4. Im restlichen Öl die Mangoldstücke zusammen mit der Zwiebel anbraten. Mit dem Weißwein ablöschen, das Nudelwasser hinzufügen und die Butter. Das Ganze kurz aufkochen lassen. Nun die Nudeln untermengen, zusammen mit der Hälfte der fein gehackten Kräuter, mit Salz und Pfeffer würzen.

5. Auf Teller anrichten und mit den Speckstreifen garnieren, mit den restlichen Kräuter bestreuen.

Hühnerbrust in Nudeln

Zutaten für 4 Portionen

350 g Nudeln

400 g Hühnerbrust

150 g Champignons

300 g Tomaten

1 Paprika, rot

1 Zwiebel, groß, fein gehackt

3 Knoblauchzehen, fein gehackt

750 ml Hühnerfond

250 ml Weißwein

50 g Parmesan

Salz, Pfeffer, Basilikum, Kräuter der Provence, Öl

Zubereitung:

1. Die Hühnerbrust in Stücke schneiden. Den Paprika waschen, entkernen und in Stücke schneiden. Die Champignons und Tomaten putzen und klein schneiden.

2. In einem Topf das etwa 1 EL Öl erhitzen, die Zwiebel mit dem Knoblauch kurz andünsten und das Fleisch darin rundum kurz anbraten, herausnehmen, leicht mit Salz und Pfeffer würzen und beiseitestellen.

3. Die Nudeln im Hühnerfond und Weißwein bissfest kochen. Die Champignon-, Tomaten- und Paprikastücke hinzufügen, ebenso die Fleischstücke. Mit etwas Kräuter würzen. Auf kleiner Stufe alles garen lassen, falls notwendig noch etwas Wasser hinzugeben.

4. Auf Teller anrichten, mit Kräuter und Parmesan bestreuen.

Nudeln in Hackfleisch

Zutaten für 4 Portionen

350 g Nudeln

350 g Hackfleisch, gemischt

1 Dose Tomaten, klein

1 Zwiebel, groß, fein gehackt

2 Knoblauchzehen, fein gehackt

3 EL Frischkäse, mit Kräuter

500 ml Gemüsefond

Salz, Pfeffer, Muskatnuss, Paprikapulver, Öl

Zubereitung:

1. In einem Topf 2 EL Öl erhitzen und die Zwiebel und den Knoblauch darin glasig dünsten. Das Hackfleisch hinzufügen und kurz anbraten.

2. Mit dem Gemüsefond ablöschen, die Nudeln und die Tomaten dazugeben, würzen und das Ganze etwa 15 Minuten lang köcheln lassen.

3. Wenn die Nudeln bissfest sind, den Frischkäse einrühren, die Herdplatte ausschalten und noch 5-10 Minuten lang ziehen lassen.

Nudeln in Linsen, Bohnen und Brokkoli

Zutaten für 2 Portionen

200 g Nudeln

1 Dose Linsen, rot

1 Brokkoli, klein

150 g Fisolen

150 g Cocktailtomaten

1 Zwiebel, klein

2 Lauchzwiebeln, klein

2 Knoblauchzehen, fein gehackt

600 ml Gemüsefond

125 ml Schlagsahne

Salz, Pfeffer, Chili, Basilikum, Öl

Zubereitung:

1. Die Linsen abseihen. Den Brokkoli waschen und in Röschen teilen, die Fisolen waschen und in mundgerechte Stücke schneiden. Den Lauch in feine Streifen schneiden, die Zwiebel fein hacken, ebenso das Basilikum. Die Cocktailtomaten halbieren.

2. In einem Topf alle Zutaten zusammen reingeben und zum Kochen bringen, die Htze reduzieren und etwa 15 Minuten garenlassen.

3. Mit Salz, Pfeffer und etwas Chili abschmecken. Mehrmals umrühren und sofort servieren.

Nudeln mit Paprika-Mix

Zutaten für 2 Portionen:

300 g Nudeln (Spaghetti)

3 Paprika, rot-grün-orange

1 Dose Tomaten, in Stücke

1 Zwiebel, klein

500 ml. Gemüsefond

2 EL Balsamico-Essig

Salz, Pfeffer, Paprikapulver, Rosmarin

Parmesan nach Belieben zum Bestreuen

Zubereitung:

1.Die Paprika waschen und in Streifen schneiden. Die Zwiebel in feine Ringe schneiden.

2. In einem Topf alle Zutaten zusammen reingeben und zum Kochen bringen. Die Hitze reduzieren, würzen und etwa 15 Minuten lang garen lassen.

3. Auf Teller anrichten und nach Belieben Parmesan darüber streuen.Toastscheiben mit dem Käse und dem Schinken belegen. Die restlichen Toastscheiben darauf legen.

Nudeln in Tomaten und Knoblauch

Zutaten für 4 Portionen:

500 g Nudeln

1 Dose Tomaten, in Stücke

6 Knoblauchzehen, fein gehackt

1 Zwiebel, groß, fein gehackt

1000 ml. Gemüsefond

Salz, Chili, Oregano, Öl

Parmesan nach Belieben zum Bestreuen

Zubereitung

1. In einem Topf Tomaten, Nudeln, die feingehackte Zwiebel und den Knoblauch reingeben und mit dem Gemüsefond zum Kochen bringen. Die Htze reduzieren, 5 EL Oregano hinzufügen und das Ganze etwa 15 Minuten lang garen lassen.

2. Vor dem Servieren mit Salz und Chiliflocken abschmecken, auf Teller anrichten und nach Belieben mit Parmesan bestreuen.

Nudeln in Tomaten und Mozzarella

Für 4 Portionen

Zubereitungszeit: 30 Minuten

Schwierigkeitsgrad: leicht

Zutaten:

400 Gramm passierte Tomaten

12 Kirschtomaten

1 Zucchino

1 Knoblauchzehe, fein gewürfelt

1 Möhre

2 Datteln

2 Teelöffel getrockneter Oregano

1 Teelöffel getrockneter Thymian

1 Bund Basilikum, gehackt

2 Esslöffel Tomatenmark

1 Esslöffel Olivenöl

400 Gramm Spaghetti

Zubereitung:

1. Die Zucchini waschen, die Karotten schälen und in kleine Stücke schneiden. Die Tomaten waschen, in Stücke schneiden und diese mit dem Stabmixer pürieren. Den Mozzarella in Würfel schneiden.

2. In einem Topf alle Zutaten zusammen reingeben und zum Kochen bringen. Das Ganze etwa 15 Minuten lang garen lassen bis eine cremige Konsistenz entsteht. Dazwischen mehrmals umrühren.

Scharfe Nudeln

Zutaten für 2 Portionen:

200 g Nudeln

1 Dose Mais, klein

1 Dose Tomaten, gewürfelt, klein

1 Dose Bohnen, klein

1 Zwiebel, klein, fein gehackt

1 Paprika, rot

500 ml Gemüsefond

80 g Käse, gerieben (Gorgonzola)

1 TL Salz

Je 1 Msp. Chili und Cayennepfeffer

Zubereitung:

1. Den Paprika waschen, entkernen und in kleine Würfel schneiden.

2. In einem Topf Mais, Tomaten, Nudeln, Paprika, Zwiebel und Gemüsefond reingeben und zum Kochen bringen. Das Ganze etwa 15 Minuten lang garen lassen.

3. Nun mit Salz, Chili und Pfeffer würzen, die abgeseihten Bohnen dazu geben und den Käse einreiben. Die Herdplatte ausschalten und alles noch etwa 5 Minuten lang ziehen lassen.

One Pot Gerichte mit Reis

Reispfanne mit Karotten in Curry-Sahne

Zutaten für 2 Portionen

2 kleine Tassen Reis

6 Karotten

250 ml Schlagsahne

250 ml Gemüsefond

1 Zwiebel, mittelgroß, fein gehackt

1 Knoblauchzehe, fein gehackt

Salz, Pfeffer, Currypulver, Öl

Zubereitung:

1. Die Karotten schälen und in kleine Würfel schneiden.

2. In einer Pfanne 1 EL Öl erhitzen und darin die Zwiebel und den Knoblauch glasig dünsten. Den Reis zusammen mit dem Gemüsefond hinzufügen, salzen und etwa 10 Minuten lang köcheln lassen.

3. Nun die Karotten dazu mengen, ebenso die Schlagsahne und mit Curry und Pfeffer würzen. Die Hitze reduzieren und das Ganze zugedeckt weitere 10 Minuten lang garen lassen, bis der Reis fertig ist.

Reispfanne mit Gemüse und Pilzen

Zutaten für 2 Portionen

2 kleine Tassen Reis

1 Zucchini, klein

1 Paprika, rot

1 Paprika, gelb

1 Zwiebel

250 g Champignons

400 ml Gemüsefond

1 EL Tomatenmark

Salz, Pfeffer, Chili, Öl

Zubereitung:

1. Zucchini und Paprika waschen und in kleine Würfel schneiden. Die Champignons putzen und in kleine Stücke schneiden.

2. In einer Pfanne 1 EL Öl erhitzen, die gehackte Zwiebel darin andünsten und mit dem Tomatenmark verrühren.

3. Den Reis zusammen mit dem Gemüsefond hinzufügen, salzen und etwa 10 Minuten lang köcheln lassen.

4. Nun die Champignonstücke, Zucchini- und Paprikawürfel dazu mengen, mit den Gewürzen abschmecken und zugedeckt weitere 10 Minuten lang garen lassen.

Reispfanne mit Hackfleisch

Zutaten für 4 Portionen:

1 große Tasse Reis

500 g Hackfleisch, gemischt

1 Paprika, rot

1 Paprika, gelb

2 Zwiebeln, fein gehackt

400 ml Gemüsefond

1 EL Tomatenmark

Salz, Cayennepfeffer, Paprikapulver, Öl

Zubereitung:

1. Die Paprika waschen und in kleine Würfel schneiden. Die Zwiebel schälen und in Ringe schneiden.

2. In einer Pfanne 2 EL Öl erhitzen und das Hackfleisch darin rundum scharf anbraten. Die Paprikawürfel und Zwiebelringe hinzufügen, das Tomatenmark einrühren.

3. Nun den Reis dazu mengen, mit Salz, Pfeffer und Paprikapulver würzen, gut umrühren und mit dem Gemüsefond aufgießen. Das Ganze zugedeckt etwa 15-20 Minuten lang garen lassen, bis der Reis fertig ist.

Reispfanne mit Gemüse und Feta

Zutaten: 4 Portionen

1 große Tasse Reis

1 Zucchini, mittelgroß

5 Tomaten, mittelgroß

1 Zwiebel, fein gehackt

1 Knoblauchzehe, fein gehackt

400 ml. Gemüsebrühe

100 g Feta

Salz, Pfeffer, Oregan

Zubereitung:

1. Die Zucchini waschen, halbieren und in Scheiben schneiden. Die Tomaten waschen und in Würfel schneiden.

2. In einer Pfanne das Öl erhitzen, die Zwiebel und den Knoblauch darin glasig dünsten, das Gemüse hinzufügen und etwa 5 Minuten lang köcheln lassen.

3. Den Reis dazumengen, mit Salz und Pfeffer würzen und mit dem Gemüsefond aufgießen. Das Ganze zugedeckt etwa 15 Minuten lang garen lassen, bis der Reis fertig ist.

4. Den Feta darüber bröckeln, mit Oregano abschmecken und vorsichtig abmischen.

Scharfe Reispfanne

Zutaten für 4 Portionen:

200 g Reis

100 g Mais in der Dose

200 g Erbsen, tiefgekühlt aber aufgetaut

200 g Bohnen, weiß, in der Dose

150 g Tomaten, püriert

1 TL Tomatenmark

1 Zwiebel, groß, fein gehackt

2 Knoblauchzehen, fein gehackt

50 g Parmesan (oder Gorgonzola)

Cayennepfeffer, Paprikapulver, Chiliflocken,

Basilikum, Petersilie, Oregano

Scharfe Würste nach Wahl, in Scheiben geschnitten

Öl

Zubereitung:

1. In einem Topf das Öl erhitzen, die Zwiebel und den Knoblauch darin glasig dünsten. Den Reis hinzufügen und kurz anbraten. Mit den pürierten Tomaten und dem Tomatenmark ablöschen, etwas Wasser dazu geben und 5 Minuten köcheln lassen.

2. Dazwischen die Bohnen und den Mais abtropfen lassen und dem Reis hinzugeben. Ebenso die Erbsen und den Käse. Mit etwa 300 bis 400 ml Wasser aufgießen und nach Geschmack würzen.

3. Das Ganze etwa 15 Minuten lang zugedeckt garen lassen, zwischendurch mehrmals umrühren.

4. Zum Schluss die Wurst-Scheibchen unterheben.

Reisfleisch mit Tomatenmark

Zutaten für 4 Portionen

600 g Schweinefleisch

200 g Reis

1 Zwiebel, groß, fein gehackt

2 Knoblauchzehen, fein gehackt

1 EL Tomatenmark

300 ml Suppenfond

Salz, Pfeffer, Paprikapulver, Öl

Zubereitung:

1. Das Fleisch in mundgerechte Stück schneiden.

2. In einem Topf 2 EL Öl erhitzen, die Zwiebel und den Knoblauch darin glasig dünsten. Die Fleisch-Stücke hinzufügen und rundum anbraten. Mit Salz, Pfeffer und Tomatenmark würzen und etwas köcheln lassen.

3. Nun den Reis dazugeben und kurz andünsten lassen, mit dem Suppenfond aufgießen und zugedeckt etwa 15 bis 20 Minuten auf kleiner Hitze garen lassen. Einige Male umrühren, damit der Reis nicht am Boden anbrennt.

Reisknödel

Zutaten für 4 Portionen

200 g Rundkornreis

100 g Butter

50 g Parmesan, fein gerieben

100 g Semmelbrösel

3 Eier

1000 ml Wasser

500 ml Milch

Salz, Pfeffer, Öl

Semmelbrösel zum Wälzen

Zubereitung:

1. In einem Topf das Wasser zum Kochen bringen, 1 EL Salz hinzufügen und den Reis. Das Ganze gut 5 Minuten lang kochen lassen.

2. Nun das Wasser abgießen, die Milch einrühren und den Reis so lange garen lassen bis er fertig ist. Die Butter daruntermischen und die Masse abkühlen lassen.

3. Ein ganzes Ei und ein Dotter verquirlen und mit den Semmelbröseln, dem geriebenen Parmesan, Salz und Pfeffer, vermengen. Diese Masse unter den erkalteten Reis mischen und daraus kleine Knödel formen.

4. Ein ganzes Ei und das übrig gebliebene Eiweiß verquirlen. Die Reisknödel darin wenden, anschließend in den Semmelbröseln wälzen.

5. Im Topf reichlich Öl erhitzen und die Reisknödel rundum braun anbraten.

One Pot Rezepte mit Fleisch

Pasta mit Hähnchen

Für 4 Portionen

Zubereitungszeit: 35 Minuten

Schwierigkeitsgrad: leicht

Zutaten:

500 Gramm Spaghetti

500 Gramm Tomaten

500 Gramm Hähnchenbrust

1 Zwiebel, gewürfelt

80 Milliliter Balsamico-Essig

4 Esslöffel Olivenöl

2 Knoblauchzehen, fein gewürfelt

1 ½ Handvoll Rucola

1 Handvoll Basilikum, Salz, Pfeffer

Zubereitung:

1. Hähnchenbrust mit Balsamico-Essig marinieren. Vom Olivenöl 2 Esslöffel erhitzen und Hähnchenbrustfilet darin anbraten. Hähnchenbrust aus der Pfanne nehmen und in Scheiben schneiden.

2. Restliches Öl erhitzen und Zwiebel sowie Knoblauch darin anbraten. Tomaten in Würfel schneiden und in das Öl geben. Nudeln nach Packungsanleitung kochen, aus dem Wasser nehmen und zu den Tomaten geben. Vom Rucola die Stiele entfernen, Basilikum in Streifen schneiden.

3. Rucola, Basilikum, Salz und Pfeffer unter die Nudeln geben. Nudeln mit Hähnchenfleisch servieren.

Jambalaya

Für 4 Portionen

Zubereitungszeit: 45 Minuten

Schwierigkeitsgrad: leicht

Zutaten:

150 Gramm Hähnchenbrustfilet

2 Chorizo-Bratwürstel

1 rote Paprikaschote

2 Tomaten

2 Selleriestangen

1 Zwiebel, gewürfelt

2 Knoblauchzehen, fein gewürfelt

650 Milliliter Hühnerbrühe

250 Gramm Reis

2 Esslöffel

Tomatenmark

1 Bund Frühlingszwiebeln, in Ringe

½ Bund Petersilie

1 Esslöffel Butter

Saft einer halben Zitrone

16 aufgetaute Garnelen ohne Darm und Schale

2 Esslöffel Sonnenblumenöl

1 Lorbeerblatt

Chiliflocken, Salz, Pfeffer, Paprikapulver

Etwas getrockneter Oregano

Zubereitung:

1. Fleisch in Stücke, Bratwürste in Scheiben, Tomaten in Würfel, Sellerie in Scheiben und Paprika in Streifen schneiden. Petersilie hacken. Fleisch mit Chiliflocken, Salz, Pfeffer und Paprikapulver würzen.

2. Öl erhitzen und die Wurst darin anbraten. Wurst wieder herausnehmen und zur Seite stellen. Hähnchenfleisch im Öl anbraten, dann herausnehmen.

3. Butter zum Öl geben. Knoblauch und Zwiebeln im Öl anbraten. Paprika und Sellerie dazugeben und mitbraten. Die Hälfte der Frühlingszwiebeln, Lorbeerblatt, Oregano, Tomatenmark und Tomaten dazugeben. Mt der Brühe auffüllen, aufkochen lassen. Reis unterrühren. Wurst und Hähnchenfleisch dazugeben.

4. Gut verrühren und 20 Mnuten köcheln lassen. Frühlingszwiebel, Zitronensaft, Petersilie und Garnelen dazugeben und 15 Mnuten bei geringer Htze ziehen lassen.

Rindergeschnetzeltes

Für 3 Portionen

Zubereitungszeit: 30 Minuten

Schwierigkeitsgrad: leicht

Zutaten:

350 Gramm Rindersteak

300 Gramm Pak Choi

300 Gramm Brokkoli

2 Frühlingszwiebeln, in Ringe

4 Knoblauchzehen, fein gewürfelt

10 Gramm Ingwer, fein gewürfelt

3 Esslöffel Sonnenblumenöl

4 Esslöffel Hoisin-Sauce

1 Esslöffel Maismehl

200 Milliliter Rinderbrühe

50 Gramm Cashewkerne

Zubereitung:

1. Rindfleisch in feine Streifen schneiden. Brokkoli in Röschen teilen, Pak Choi in mundgerechte Stücke schneiden. Rindfleisch in Maismehl wenden.

2. Öl erhitzen und das Rindfleisch darin anbraten. Fleisch herausnehmen, Ingwer und Knoblauch anbraten.

3. Pak Choi, Brokkoli und Frühlingszwiebeln dazugeben und anbraten. Gemüsebrühe, Hoisinsauce und Rindfleisch dazugeben und aufkochen lassen. Mit Cashewkernen servieren.

Pasta mit Chili und Käse

Für 4 Portionen

Zubereitungszeit: 30 Minuten

Schwierigkeitsgrad: leicht

Zutaten:

500 Gramm Rigatoni

500 Gramm Hackfleisch

1 Dose Tomatenstücke (400 Gramm)

2 Dosen Kidneybohnen, (à 250 Gramm)

1 Zwiebel, gewürfelt

3 Knoblauchzehen, gepresst

2 Teelöffel Olivenöl

1 Liter Gemüsebrühe

400 Gramm Emmentaler, gerieben

2 Teelöffel Kreuzkümmel

1 Teelöffel Chilipulver

Salz, Pfeffer

Etwas gehackte Petersilie

Zubereitung:

1. Olivenöl erhitzen und Zwiebel und Knoblauch darin anbraten. Hackfleisch und Gewürze dazugeben und mitbraten. Kidneybohnen und Tomaten unterrühren.

2. Nudeln und Brühe dazugeben und alles 15 Minuten köcheln lassen. Käse unterrühren.

Putenfleisch mit Reis

Für 2 Portionen

Zubereitungszeit: ca. 90 Minuten

Schwierigkeitsgrad: leicht

Zutaten:

250 Gramm Reis

500 Milliliter Gemüsebrühe

300 Gramm Putenfleisch

2 Zwiebeln, gewürfelt

2 Esslöffel Tomatenmark

2 Esslöffel Paprikapulver, scharf

1 Knoblauchzehe, fein gewürfelt

1 Prise getrockneter Majoran

1 Esslöffel Essig

1 Lorbeerblatt

Salz, Pfeffer

1 Esslöffel Olivenöl

Zubereitung:

1. Öl erhitzen und Zwiebel darin anbraten. Fleisch in Würfel schneiden, salzen, pfeffern und im Öl anbraten. Reis dazugeben und mitdünsten.

2. Ist das Putenfleisch fast gar, Tomatenmark und Paprikapulver unterrühren. Essig, Majoran, Lorbeerblatt und Brühe dazugeben und köcheln lassen, bis die Flüssigkeit verkocht ist.

Hähnchen-Rigatoni

Für 4 Portionen

Zubereitungszeit: 15 Minuten

Schwierigkeitsgrad: leicht

Zutaten:

350 Gramm Rigatoni

750 Milliliter Hühnerbrühe

400 Gramm Hähnchenbrust

1 rote Paprikaschote

150 Gramm Champignons

1 Zwiebel, gewürfelt

250 Milliliter Weißwein

300 Gramm Tomaten

3 Knoblauchzehen, fein gewürfelt

1 Esslöffel Kräuter der Provence

50 Gramm Parmesan, gerieben

2 Stängel Basilikum

Salz, Pfeffer

Zubereitung:

1. Paprika in Streifen, Tomaten in Würfel schneiden. Champignons putzen und in Scheiben schneiden. Hähnchenfleisch würfeln.

2. Alle Zutaten außer Basilikum und Käse in einem Topf zum Kochen bringen.

3. Bei geringerer Htze 10 Minuten köcheln lassen und gelegentlich umrühren. Mit Salz und Pfeffer würzen und mit Parmesan und gehacktem Basilikum servieren.

Fruchtiger Putentopf

Für 3 Portionen

Zubereitungszeit: 30 Minuten

Schwierigkeitsgrad: leicht

Zutaten:

200 Gramm Reis

800 Milliliter Gemüsebrühe

500 Gramm Putenschnitzel

200 Gramm Champignons

200 Milliliter Schmand

1 Dose Mandarinen

30 Gramm Schmelzkäse

1 Teelöffel

Currypulver ½

Teelöffel

Paprikapulver, Salz, Pfeffer

Zubereitung:

1. Putenfleisch in Würfel schneiden. Champignons putzen und in Scheiben schneiden.

2. Alle Zutaten bis auf die Mandarinen, den Schmand, den Schmelzkäse und die Gewürze in einen Topf geben, zum Kochen bringen und etwa 20 Minuten kochen lassen.

3. Die übrigen Zutaten einrühren und kurz aufkochen lassen.

Hackfleisch-Gemüse-Topf

Für 4 Portionen

Zubereitungszeit: 45 Minuten

Schwierigkeitsgrad: leicht

Zutaten:

400 Gramm Hackfleisch

500 Milliliter Rinderbrühe

1 Zwiebel, gewürfelt

2 Knoblauchzehen, fein gewürfelt

4 große Kartoffeln

2 Esslöffel Olivenöl

1 Dose (ca. 720 Milliliter) stückige Tomaten

4 Karotten

1 Stange Porree, in Ringe

1 rote Paprikaschote

1 Esslöffel Kräuter (Petersilie, Basilikum, Schnittlauch), gehackt

Salz, Pfeffer

Zubereitung:

1. Öl erhitzen, Zwiebel darin anbraten. Hackfleisch dazugeben und anbraten. Kartoffeln und Karotten schälen und in Würfel schneiden. Paprika in Stücke schneiden.

2. Paprika, Kartoffeln und Karotten mit der Brühe und den Tomaten zum Hackfleisch geben und etwa 25 Minuten kochen.

3. Porree und Gewürze hinzufügen und weitere 10 Minuten kochen. Mit den Kräutern servieren.

Herbstlicher Gulascheintopf

Für 4 Portionen

Zubereitungszeit: ca. 120 Minuten

Schwierigkeitsgrad: leicht

Zutaten:

500 Gramm Rindfleisch

500 Gramm Schweinefleisch

1 kleiner Weißkohl

2 Möhren

300 Gramm Rispentomaten

100 Gramm Cornichons

1 Zwiebel, in Ringe

600 Milliliter Rinderbrühe

1 Päckchen Gulasch-Fix

2 Esslöffel Butterschmalz

2 Esslöffel Tomatenmark

200 Milliliter Rotwein.

Zubereitung:

1. Fleisch in Würfel schneiden. Vom Kohl die äußeren Blätter und den Strunk entfernen. Kohl in Streifen schneiden. Möhren schälen und in Würfel schneiden. Tomaten in Würfel, Cornichons in Scheiben schneiden.

2. Butterschmalz erhitzen und das Fleisch darin anbraten. Zwiebel und Tomatenmark dazugeben, mitbraten.

3. Mit Brühe und Wein ablöschen. Gulasch-Fix einrühren und 30 Minuten köcheln lassen. Kohl, Möhren und Tomaten dazugeben und unter gelegentlichem Umrühren eine weitere Stunde köcheln lassen.

4. Kurz vor dem Ende der Kochzeit die Cornichons hinzufügen.

Geschmortes Rind mit Wintergemüse

Für 4 Portionen

Zubereitungszeit: ca. 150 Minuten

Schwierigkeitsgrad: leicht

Zutaten:

1 kg Rinderbrust

400 Milliliter Portwein

800 Gramm Hokkaido-Kürbis

400 Gramm Sellerie

250 Gramm Möhren

400 Gramm Zwiebeln, in Ringe

2 Esslöffel Öl

Salz, Pfeffer

Zubereitung:

1. Fleisch in Würfel schneiden. Vom Kürbis die Kerne entfernen. Kürbisfleisch in Würfel schneiden. Möhren und Sellerie schälen und würfeln.

2. Öl erhitzen und das Fleisch darin anbraten. Fleisch herausnehmen und Zwiebeln in Öl anbraten. Restliches Gemüse dazugeben und anbraten. Fleisch und Wein zum Gemüse geben.

3. Eintopf zugedeckt im Backofen bei 200 Grad Ober- und Unterhitze 1,5 Stunden schmoren. Deckel abnehmen und weitere 30 Minuten schmoren. Salzen und pfeffern.

One Pot Rezepte mit Fisch & Meeresfrüchten

Pasta mit Spinat und Räucherlachs

Für 4 Portionen

Zubereitungszeit: 15 Minuten

Schwierigkeitsgrad: leicht

Zutaten:

500 Gramm Fusilli

200 Gramm Räucherlachs

3 Handvoll Blattspinat

1 Liter Gemüsebrühe

200 Milliliter Sahne

1 Zwiebel, gewürfelt

30 Gramm Parmesan, gerieben

Saft einer Zitrone Salz, Pfeffer

Zubereitung:

1. Nudeln, Brühe, Zwiebel, Sahne und Parmesan in einem Topf zum Kochen bringen und etwa 8 Minuten kochen. Dabei immer wieder umrühren.

2. Spinat und Lachs dazugeben und kochen lassen, bis der Spinat zusammenfällt. Mit Zitronensaft, Salz und Pfeffer würzen.

3. Zwei Toast nun mit Mayonnaise bestrichen und mit Salat und Tomate belegen. Die anderen Scheiben werden mit Ketchup bestrichen und mit dem möglichst noch warmen Putenbrustfilet und Speck belegt.

4. Dann noch mit Salz und etwas mehr Pfeffer würzen und zusammenklappen. Die herzhaften Toasts einfach so genießen oder zuvor noch klassisch in Dreiecke schneiden.

Pasta mit Spargel und Lachs

Für 3 Portionen

Zubereitungszeit: 45 Minuten

Schwierigkeitsgrad: leicht

Zutaten:

2 Wildlachsfilets, à 125 Gramm

250 Gramm Spargel

250 Gramm Fusilli

1 Zwiebel, gewürfelt

300 Milliliter Kochsahne

450 Milliliter Gemüsebrühe

150 Milliliter Milch

1 Esslöffel frischer Dill

½ Teelöffel Zucker

1 Esslöffel Olivenöl

Salz, Pfeffer

Zubereitung:

1. Spargel schälen und in mundgerechte Stücke schneiden.

2. Öl erhitzen und Zwiebel darin anbraten. Lachs in Würfel schneiden und mitbraten. Würzen, dann Brühe, Sahne, Milch, Kräuter und Gewürze dazugeben.

3. Aufkochen lassen, dann die Nudeln dazugeben. Immer wieder umrühren und kochen, bis Spargel und Nudeln gar sind.

Spaghetti mit Garnelen

Für 3 Portionen

Zubereitungszeit: 30 Minuten

Schwierigkeitsgrad: leicht

Zutaten:

400 Gramm Spaghetti

250 Gramm Garnelen, geschält und entdarmt

200 Gramm passierte Tomaten

1 Zwiebel, gewürfelt

2 Knoblauchzehen, fein gewürfelt

3 Sardellenfilets

50 Gramm getrocknete Tomaten

250 Gramm Kirschtomaten

2 Esslöffel Olivenöl

700 Milliliter Gemüsebrühe

1 Bund Basilikum

Zubereitung:

1. Butter und Öl erhitzen, Knoblauch und Garnelen darin anbraten. Mit Salz und Pfeffer würzen. Garnelen aus dem Topf nehmen. Milch und Brühe zum Knoblauch geben.

2. Nudeln hineingeben und 10 Minuten kochen. Immer wieder umrühren. Sind die Nudeln bissfest, den Spinat dazugeben.

3. Garnelen wieder in den Topf geben. Mit Parmesan servieren.

Pasta mit Garnelen und Spinat

Für 4 Portionen

Zubereitungszeit: 30 Minuten

Schwierigkeitsgrad: leicht

Zutaten:

450 Gramm Garnelen, ohne Schale, entdarmt

900 Gramm Blattspinat

230 Gramm Fettuccine

360 Milliliter Hühnerbrühe

360 Milliliter Milch

25 Gramm Parmesan, gerieben

½ Teelöffel italienische Kräuter

1 Esslöffel Olivenöl

1 Esslöffel Butter

2 Knoblauchzehen, fein gewürfelt

Salz, Pfeffer.

Zubereitung:

1. Butter und Öl erhitzen, Knoblauch und Garnelen darin anbraten. Mit Salz und Pfeffer würzen. Garnelen aus dem Topf nehmen. Milch und Brühe zum Knoblauch geben.

2. Nudeln hineingeben und 10 Minuten kochen. Immer wieder umrühren. Sind die Nudeln bissfest, den Spinat dazugeben.

3. Garnelen wieder in den Topf geben. Mit Parmesan servieren.

Jambalaya mit Meeresfrüchten

Für 4 Portionen

Zubereitungszeit: 35 Minuten

Schwierigkeitsgrad: leicht

Zutaten:

2 Packungen Tiefkühl-Meeresfrüchte

600 Milliliter Dosentomaten

1 Handvoll Kirschtomaten

30 Scheiben Chorizo

4 Stangen Staudensellerie

1 grüne Paprikaschote

1 rote Paprikaschote

2 Zwiebeln, gewürfelt

3 Knoblauchzehen, fein gewürfelt

700 Milliliter Gemüsebrühe

350 Gramm Linguine

2 Frühlingszwiebeln, in Ringe

2 Esslöffel Öl

2 Lorbeerblätter

1 Messerspitze Oregano

1 Messerspitze Paprikapulver

1 Messerspitze Cayennepfeffer

Salz, Pfeffer

Zubereitung:

1. Meeresfrüchte auftauen. Paprikaschoten in Streifen, Sellerie in Scheiben schneiden, Tomaten halbieren. Chorizo anbraten, dann wieder aus dem Topf nehmen.

2. Öl erhitzen und Zwiebeln mit Sellerie darin anbraten. Paprika dazugeben und 10 Minuten braten. Tomaten, Knoblauch, Gewürze und Lorbeerblätter dazugeben. Brühe und Dosentomaten auffüllen, 15 Minuten kochen.

3. Nudeln dazugeben und unter Umrühren garen. Meeresfrüchte und Chorizo dazugeben, ca. 5 Minuten köcheln lassen. Mit Frühlingszwiebeln servieren.

Pasta mit Lachs, Garnelen und Spinat

Für 4 Portionen

Zubereitungszeit: 20 Minuten

Schwierigkeitsgrad: leicht

Zutaten:

500 Gramm Fusilli

200 Gramm Räucherlachs

8 Riesengarnelen ohne Darm und Schale

100 Gramm Blattspinat

1 Liter Gemüsebrühe

200 Milliliter Sahne

1 Zwiebel, gewürfelt

1 Knoblauchzehe, fein gewürfelt

1 Esslöffel Olivenöl

2 Esslöffel Zitronensaft

Salz, Pfeffer

Zubereitung:

1. Öl erhitzen und die Garnelen darin von beiden Seiten braten. Garnelen herausnehmen. Zwiebel und Knoblauch im Öl anbraten.

2. Nudeln, Gemüsebrühe und Sahne zu den Zwiebeln geben und unter Rühren 15 Minuten köcheln lassen. Lachs in Streifen schneiden und zusammen mit dem Spinat zu den bissfesten Nudeln geben. Kurz köcheln lassen.

3. Mit Zitronensaft, Salz und Pfeffer abschmecken und mit Garnelen servieren.

Kabeljau-Pfanne mit Steinpilz-Spaghetti

Für 2 Portionen

Zubereitungszeit: ca. 30 Minuten

Schwierigkeitsgrad: leicht

Zutaten:

200 Gramm Kabeljau

250 Gramm Steinpilz-Spaghetti

1 Zwiebel, gewürfelt

2 Knoblauchzehen, fein gewürfelt

1 Handvoll Cocktailtomaten

1 kleine Chilischote, fein gehackt

4 Esslöffel Dosenmais

7 Champignons

Einige Brokkoli-Röschen

Saft einer Zitrone

1 Esslöffel Steinpilzöl

1 Bund Schnittlauch, in Röllchen

Salz, Pfeffer

Zubereitung:

1. Nudeln nach Packungsanleitung kochen. Olivenöl erhitzen und die Zwiebel sowie den Knoblauch darin anbraten. Brokkoli-Röschen blanchieren. Champignons putzen und in Scheiben schneiden. Tomaten halbieren und zusammen mit Champignons, Mais, Schnittlauch und Chilischoten zu den Zwiebeln geben.

2. Kabeljau in Stücke schneiden und zur Champignon-Mischung geben.

3. Mit Zitronensaft, Salz und Pfeffer abschmecken. Nudeln, Brokkoli und Steinpilzöl unterheben.

Fischeintopf mit Muscheln und Garnelen

Für 3 Portionen

Zubereitungszeit: 30 Minuten

Schwierigkeitsgrad: leicht

Zutaten:

1 kg Miesmuscheln mit Schale

9 Riesengarnelen

250 Gramm Seeteufelfilet

1 Aubergine

1 Zucchino

1 Zwiebel, gewürfelt

1 Dose Pizzatomaten

4 Knoblauchzehen, fein gewürfelt

400 Milliliter Fischfond

1 Teelöffel Olivenöl

Saft einer Zitrone

½ Bund Petersilie, fein gehackt

Salz, Pfeffer

1. Von den Muscheln die bereits geöffneten aussortieren. Muscheln gründlich abreiben, Byssusfäden entfernen. Muscheln in kochendes Wasser geben und 3 Minuten köcheln lassen. Abgießen und abkühlen lassen.

2. Öl erhitzen und Zwiebel und Knoblauch darin anbraten. Zucchino und Aubergine würfeln und zu den Zwiebeln geben. Mit Fischfond ablöschen und aufkochen lassen. Pizzatomaten dazugeben und 10 Minuten köcheln lassen. Muscheln aus der Schale lösen, Garnelen schälen und Fisch in Würfel schneiden.

3. Fisch und Garnelen zum Eintopf geben und 5 Minuten garen. Muscheln dazugeben, kurz aufkochen lassen. Mit

Salz, Pfeffer und Zitronensaft abschmecken und Petersilie unterrühren.

Seeteufel-Eintopf

Für 2 Portionen

Zubereitungszeit: 45 Minuten

Schwierigkeitsgrad: leicht

Zutaten:

280 Gramm Seeteufel

3 Stangen Staudensellerie

2 Möhren

½ Fenchelknolle mit Fenchelgrün

1 Zwiebel, gewürfelt

2 Knoblauchzehen, fein gewürfelt

400 Gramm Pizzatomaten

120 Gramm Reis

Saft einer Limette

400 Milliliter Wasser

1 Esslöffel Öl

2 Teelöffel Colombo-Gewürz

Salz, Pfeffer

Zubereitung:

1. Sellerie in Scheiben schneiden. Möhren schälen und fein würfeln. Fenchelknolle fein schneiden, Fenchelgrün hacken.

2. Öl erhitzen und Zwiebel und Knoblauch darin anschwitzen. Gemüse dazugeben und 5 Minuten mitbraten. Tomaten und Wasser dazugeben und 10 Minuten kochen.

3. Mit Colombo, Salz und Pfeffer würzen und den Reis dazugeben. Alles 20 Minuten köcheln lassen, hin und wieder umrühren. Seeteufel 5 Minuten im Eintopf garen.

4. Fisch herausnehmen, von der Gräte lösen und in mundgerechte Stücke schneiden. Fisch wieder in den Eintopf geben. Limettensaft und Fenchelgrün unterrühren.

Fischtopf mit Reis und Zucchini

Für 2 Portionen

Zubereitungszeit: 20 Minuten

Schwierigkeitsgrad: leicht

Zutaten:

400 Gramm Steinbeißerfilet

400 Gramm Pizzatomaten

300 Gramm Zucchini

1 Zwiebel, gewürfelt

2 Knoblauchzehen, fein gewürfelt

1 Teelöffel Öl

120 Gramm Reis

200 Milliliter Wasser

3 Zweige Estragon, gehackt

Saft einer halben Zitrone

Salz, Pfeffer

Zubereitung:

1. Fisch und Zucchini in Würfel schneiden. Öl erhitzen, Zwiebel und Knoblauch darin anbraten. Zucchini dazugeben und kurz anbraten.

2. Mit Pizzatomaten und Wasser ablöschen. Mit Salz und Pfeffer würzen.

3. Reis unterrühren und 10 Minuten kochen lassen.

4. Fisch dazugeben und garen. Estragon, Zitronensaft, Salz und Pfeffer unterrühren.

Vegetarische One Pot Rezepte

Kartoffel-Zucchini-Eintopf

Für 4 Portionen

Zubereitungszeit: 40 Minuten

Schwierigkeitsgrad: leicht

Zutaten:

800 Gramm Kartoffeln

3 Zucchini

1 Zwiebel, gewürfelt

2 Knoblauchzehen, fein gewürfelt

3 Esslöffel Olivenöl

250 Milliliter Sahne

1 Esslöffel Kräuter der Provence

70 Milliliter Weißwein

1 Teelöffel Honig

1 Päckchen Fetawürfel

4 Esslöffel Parmesan, gerieben

Salz, Pfeffer

Zubereitung:

1. Kartoffeln und Zucchini schälen und würfeln.

2. Öl erhitzen, Zwiebel und Knoblauch darin anbraten. Zucchini dazugeben und 5 Minuten mitbraten.

3. Mit Wein ablöschen. Kartoffeln, Sahne, Honig, Salz, Pfeffer und Kräuter unterrühren und 20 Minuten köcheln lassen.

Marokkanischer Kichererbsentopf

Für 4 Portionen

Zubereitungszeit: 45 Minuten

Schwierigkeitsgrad: leicht

Zutaten:

340 Gramm Quinoa

1 kg Süßkartoffeln

800 Gramm Kichererbsen

1 Fenchelknolle

2 Karotten

1 gelbe Paprikaschote

1 Dose Tomaten, stückig

750 Milliliter Wasser

4 Handvoll Grünkohl

2 Esslöffel Gemüsebrühe

1 Zwiebel, gewürfelt

3 Knoblauchzehen, gepresst

2 Esslöffel Olivenöl

1 Teelöffel Apfelessig

1 Teelöffel Kreuzkümmel

1 Teelöffel Koriander

1 Teelöffel Paprikapulver

1 Teelöffel Kurkuma

½ Teelöffel Ingwerpulver

½ Teelöffel Zimt

Salz, Pfeffer, Cayennepfeffer 1 Zitrone Minze, Petersilie, Koriander (frisch)

Zubereitung:

1. Süßkartoffeln und Karotten schälen, in Stücke schneiden. Paprika und Fenchel in Stücke schneiden. Grünkohl in Streifen schneiden.

2. Öl erhitzen, Zwiebel und Knoblauch darin anbraten. Alle Gewürze, Süßkartoffeln, Paprika, Fenchel, Grünkohl und Karotten dazugeben

und mitbraten. Wasser, Tomaten und Brühe dazugeben und zum Kochen bringen. Etwa 20 Minuten köcheln lassen.

3. Quinoa nach Packungsanleitung mit 1 Teelöffel Zitronensaft und Apfelessig kochen, überschüssiges Wasser abgießen.

4. Kichererbsen zum Gemüse geben, 10 Minuten kochen lassen. Quinoa, Kräuter, Gewürze und restlichen Zitronensaft unterrühren.

Asiatische Pasta

Für 2 Portionen

Zubereitungszeit: 40 Minuten

Schwierigkeitsgrad: leicht

Zutaten:

250 Gramm Fusilli

400 Gramm Dosentomaten, stückig

1 rote Paprikaschote

1 Zucchino

1 Zwiebel, gewürfelt

2 Knoblauchzehen, fein gewürfelt

80 Gramm Tiefkühl-Erbsen

250 Milliliter Kokosmilch

1 Handvoll Kirschtomaten

1 ½ Teelöffel rote Currypaste

1 Teelöffel Zitronensaft

1 Esslöffel Olivenöl

Salz, Pfeffer

Zubereitung:

1. Öl erhitzen und Zwiebel darin anbraten. Zucchino in Würfel, Paprika in Stücke schneiden. Kirschtomaten halbieren.

2. Knoblauch, Zucchino und Paprika zum Öl geben und anbraten. Restliche Zutaten bis auf Salz, Pfeffer, Zitronensaft und Kirschtomaten dazugeben und 15 Minuten kochen.

3. Kirschtomaten kurz vor dem Ende der Kochzeit dazugeben. Zitronensaft und Gewürze unterrühren.

Fettuccine mit Gemüse

Für 2 Portionen

Zubereitungszeit: 30 Minuten

Schwierigkeitsgrad: leicht

Zutaten:

300 Gramm Fettuccine

300 Gramm Champignons

150 Gramm Tiefkühl-Erbsen

360 Milliliter Mandelmilch

750 Milliliter Gemüsebrühe

1 Zwiebel, gewürfelt

4 Knoblauchzehen, fein gehackt

2 Handvoll Blattspinat

1 Teelöffel Maisstärke

1 Esslöffel

Olivenöl

1 Esslöffel

Wasser

Salz, Pfeffer

Zubereitung:

1. Öl erhitzen und Zwiebeln darin anbraten. Champignons in Scheiben schneiden und mit dem Knoblauch zu den Zwiebeln geben.

2. Nudeln, Mandelmilch und Brühe dazugeben. Immer wieder umrühren. Erbsen nach 12 Minuten dazugeben und 8 Minuten köcheln lassen. Spinat unterrühren.

3. Maisstärke mit Wasser, Salz und Pfeffer mischen und unter die Nudeln heben.

Quinoa-Chili mit Bohnen und Avocado

Für 4 Portionen

Zubereitungszeit: 25 Minuten

Schwierigkeitsgrad: leicht

Zutaten:

170 Gramm Quinoa

750 Milliliter Tomaten in Stücken aus der Dose

360 Milliliter Gemüsebrühe

1 Dose schwarze Bohnen

1 Dose Mais

1 rote Paprikaschote

1 gelbe Paprikaschote

1 Zwiebel, gewürfelt

3 Knoblauchzehen, gewürfelt

Saft einer Limette

1 Esslöffel Paprikapulver edelsüß

2 Frühlingszwiebeln, in Ringe

1 Handvoll Petersilie

1 Avocado

2 Esslöffel Olivenöl

Salz, Pfeffer

Zubereitung:

1. Paprikaschoten in Stücke schneiden. Öl erhitzen. Zwiebel darin anbraten, dann Knoblauch und Paprikaschoten dazugeben und mitbraten.

2. Übrige Zutaten bis auf Frühlingszwiebeln, Petersilie, Limettensaft und Avocado dazugeben und 20 Minuten kochen lassen. Limettensaft, Petersilie und Frühlingszwiebeln unterrühren.

3. Avocado aus der Schale lösen, entkernen und in Spalten schneiden. Eintopf mit Avocadospalten servieren.

Spaghetti mit Paprika

Für 4 Portionen

Zubereitungszeit: 20 Minuten

Schwierigkeitsgrad: leicht

Zutaten:

300 Gramm Vollkorn-Spaghetti

1 rote Paprikaschote

1 gelbe Paprikaschote

1 grüne Paprikaschote

1 Dose Tomaten in Stücken

1 Zwiebel, gewürfelt

500 Milliliter Gemüsebrühe

3 Esslöffel Olivenöl

2 Esslöffel Balsamico-Essig

Salz, Pfeffer,

Paprikapulver

Zubereitung:

1. Paprikaschoten in Streifen schneiden.

2. Öl erhitzen, Zwiebel und Paprika darin anbraten. Die übrigen Zutaten dazugeben und etwa 10 Minuten kochen.

Pasta Caprese

Für 4 Portionen

Zubereitungszeit: 30 Minuten

Schwierigkeitsgrad: leicht

Zutaten:

500 Gramm Fusilli

320 Gramm getrocknete Tomaten

125 Gramm Mozzarella

200 Milliliter Sahne

2 Knoblauchzehen, fein gewürfelt

1 Liter Wasser

1 Bund Basilikum

75 Gramm Parmesan, frisch gerieben

Etwas Zitronenabrieb

Salz, Pfeffer

Zubereitung:

1. Mozzarella in Würfel, Tomaten in Stücke schneiden. Basilikum grob hacken.

2. Nudeln, Tomaten, ¾ des Basilikums, Mozzarella, Knoblauch, Sahne, Wasser und Salz in einen Topf geben, aufkochen lassen und unter Rühren etwa 15 Minuten kochen.

3. Sind die Nudeln fast gar, Pfeffer, Parmesan und restliches Basilikum unterrühren.

Rigatoni mit Pilzen

Für 4 Portionen

Zubereitungszeit: 25 Minuten

Schwierigkeitsgrad: leicht

Zutaten:

400 Gramm Rigatoni

350 Gramm Champignons

1 Handvoll getrocknete Steinpilze, gehackt

800 Milliliter Brühe

200 Milliliter Sahne

2 Zwiebeln, in Ringe

200 Milliliter Rotwein

40 Gramm Butter

1 Esslöffel Worcestersauce

1 Teelöffel brauner Zucker

2 Knoblauchzehen, fein gewürfelt

2 Lorbeerblätter Salz, Pfeffer

100 Gramm Käse, beispielsweise Gruyere

1 Handvoll Petersilie, gehackt

Zubereitung:

1. Butter erhitzen und Zwiebel mit dem Zucker darin karamellisieren. Rotwein und Worcestersauce dazugeben und einkochen lassen. Champignons in Scheiben schneiden, dazugeben und mit dem Knoblauch anbraten.

2. Nudeln, Brühe und Lorbeerblätter dazugeben und kochen, bis die Flüssigkeit eingekocht ist.

3. Sahne unterrühren. Gewürze, Käse und Petersilie unterrühren.

Quinoa-Bowl

Für 3 Portionen

Zubereitungszeit: 40 Minuten

Schwierigkeitsgrad: leicht

Zutaten:

180 Gramm Quinoa

250 Gramm Dosenmais

150 Gramm Erbsen aus der Dose

100 Gramm Kidneybohnen aus der Dose

1 Chilischote, fein gehackt

2 Knoblauchzehen, fein gewürfelt

1 Avocado

1 rote Paprikaschote

2 Esslöffel Tomatenmark

Saft einer halben Limette

1 Teelöffel Olivenöl

½ Teelöffel Kümmel, Chilipulver,

Paprikapulver

Salz, Pfeffer

Einige Blätter Koriander.

Zubereitung:

1. Öl erhitzen und Knoblauch darin anbraten. Chilischote und Tomatenmark dazugeben und mitrösten. Quinoa zu der Mischung geben, mit der Brühe ablöschen.

2. Paprika in Streifen schneiden und mit Bohnen, Mais und Erbsen zum Quinoa geben. Würzen und 20 Minuten köcheln lassen.

3. Avocado aus der Schale lösen, würfeln und mit Limettensaft und Koriander unter das Quinoa rühren.

Linsenchili mit Reis

Für 4 Portionen

Zubereitungszeit: ca. 30 Minuten

Schwierigkeitsgrad: leicht

Zutaten:

1 Zucchino

1 Stange Staudensellerie

1 rote Paprikaschote

1 Möhre

20 Gramm Ingwerknolle, gerieben

1 Zwiebel, gewürfelt

1 Knoblauchzehe, fein gewürfelt

80 Gramm gelbe Linsen

150 Gramm Tomatenstücke aus der Dose

100 Milliliter Gemüsebrühe

1 Esslöffel Kokosöl

200 Gramm Reis

240 Gramm Kichererbsen aus der Dose

1 Teelöffel Currypulver

2 Esslöffel Limettensaft

Einige Stängel Petersilie

Salz, Pfeffer

Zubereitung:

1. Paprikaschote in Würfel schneiden. Sellerie, Möhre und Zucchino schälen, in Würfel schneiden.

2. Kokosöl erhitzen und Zwiebel, Knoblauch und Ingwer darin anbraten. Linsen und Möhren dazugeben und mitbraten. Paprika, Sellerie, Zucchino und Currypulver dazugeben und dünsten. Tomaten und Brühe auffüllen und 8 Minuten köcheln lassen. Petersilie hacken.

3. Reis dazugeben und etwa 10 Minuten kochen lassen. Kichererbsen und Gewürze unterrühren und mit Limettensaft abschmecken. Mit Petersilie bestreuen.

Scharfe Nudeln

Zutaten:

Zutaten für 2 Portionen

200 g Nudeln

1 Dose Mais, klein

1 Dose Tomaten, gewürfelt, klein

1 Dose Bohnen, klein

1 Zwiebel, klein, fein gehackt

1 Paprika, rot

500 ml. Gemüsefond

80 g Käse, gerieben (Gorgonzola)

1 TL. Salz

Je 1 Msp. Chili und Cayennepfeffer

Zubereitung:

1. Den Paprika waschen, entkernen und in kleine Würfel schneiden.

2. In einem Topf Mais, Tomaten, Nudeln, Paprika, Zwiebel und Gemüsefond reingeben und zum Kochen bringen. Das Ganze etwa 15 Minuten lang garen lassen.

3. Nun mit Salz, Chili und Pfeffer würzen, die abgeseihten Bohnen dazu geben und den Käse einreiben. Die Herdplatte ausschalten und alles noch etwa 5 Minuten lang ziehen lassen.

Asiatische One Pot Rezepte

Curry mit Süßkartoffeln und Rindfleisch

Für 4 Portionen

Zubereitungszeit: ca. 3 Stunden

Schwierigkeitsgrad: leicht

Zutaten:

3 Esslöffel Currypaste

500 Gramm Rindfleisch

800 Milliliter Kokosmilch

100 Milliliter Wasser

3 Kartoffeln

1 Süßkartoffel

5 Zwiebeln, gewürfelt

5 Kardamomkapseln

1 Esslöffel Tamrarindenpaste

3 Lorbeerblätter

100 Gramm Erdnüsse

1 Esslöffel Zucker

½ Teelöffel Zimt

4 Esslöffel Öl

Zubereitung

1. Fleisch in Würfel schneiden. Öl erhitzen und Currypaste darin anrösten.

2. Fleisch, Wasser und die Hälfte der Kokosmilch dazugeben. Zucker, Zimt, Lorbeerblätter, Tamarindenpaste und Kardamom unterrühren und alles eine Stunde köcheln lassen. Zwiebeln dazugeben und eine weitere Stunde köcheln lassen.

3. Kartoffeln und Süßkartoffeln schälen und in Stücke schneiden. Restliche Kokosmilch und Erdnüsse hinzufügen und noch 40 Minuten köcheln lassen.

Ciabatta mit Tomaten

Zubereitungszeit: 30 Minuten

Zutaten:

1 Ciabatta

2 Tomaten

2 Pck. Mozzarella

Pesto (Basilikum)

Salz und Pfeffer

Olivenöl

Zubereitung:

1. Den Ofen auf 250 Grad vorheizen, die Tomaten halbieren, von Kerngehäuse und Stielansatz befreien und in grobe Würfel schneiden.

2. Das Ciabatta aufschneiden, auf der einen Seite großzügig mit Pesto bestreichen und auf der anderen mit etwas Olivenöl beträufeln. Den Mozzarella in Scheiben schneiden.

3. Die Pesto-Seite des Brotes mit reichlich Mozzarella belegen. Den Mozzarella mit Pfeffer und ein wenig Salz würzen.

4. Anschließend die Ciabatta-Hälfte mit dem Mozzarella im Ofen goldgelb gratinieren. Wenn der Käse die erste leichte Farbe hat, die andere Brothälfte ebenfalls in den Ofen legen, damit sie noch etwas angeröstet wird.

5. Beide Brothälften herausnehmen, die Tomatenstücke auf den Käse geben, zusammenklappen und in zwei Stücke schneiden. Wer mag, träufelt noch etwas Olivenöl darüber und rundet mit gepresstem Knoblauch ab.

Linsen-Dal

Für 4 Portionen

Zubereitungszeit: 35 Minuten

Schwierigkeitsgrad: leicht

Zutaten:

190 Gramm Linsen

1 Karotte, ca. 200 Gramm

1 Zwiebel, gewürfelt

3 Knoblauchzehen, fein gewürfelt

2 cm Ingwerknolle, gerieben

720 Milliliter Gemüsebrühe

240 Milliliter Kokosmilch

1 rote Chilischote, fein gehackt

1 Esslöffel Sonnenblumenöl

1 Esslöffel Sojasauce

1 Teelöffel gemahlener Koriander

1 Teelöffel gemahlener Kreuzkümmel

1 Teelöffel gemahlener Kurkuma

½ Teelöffel Chiliflocken

½ Teelöffel Kokosblütenzucker

Salz, Pfeffer

Zubereitung:

1. Linsen etwa 15 Minuten in lauwarmem Wasser quellen lassen, dann das Wasser abgießen. Karotte schälen und würfeln.

2. Öl erhitzen und Zwiebel, Knoblauch, Ingwer, Chilischote und Karotte darin andünsten. Sojasauce auffüllen. Alle Gewürze, Linsen und Brühe dazugeben und 15 Minuten kochen lassen.

3. Kokosblütenzucker und Kokosmilch unterrühren und weitere 10 Minuten kochen lassen.

Thai-Curry-Pasta

Für 4 Portionen

Zubereitungszeit: 25 Minuten

Schwierigkeitsgrad: leicht

Zutaten:

350 Gramm Vollkorn-Spaghetti

700 Milliliter Gemüsebrühe

1 Dose Kokosmilch (ca.250 Milliliter)

50 Gramm rote Currypaste

75 Gramm Champignons

1 rote Paprikaschote

140 Gramm Mais

1 Teelöffel Salz

Zubereitung:

1. Kokosmilch erhitzen und Currypaste einrühren. Champignons putzen und in Scheiben schneiden. Paprikaschote in Stücke schneiden.

2. Alle Zutaten zur Kokosmilch geben und zum Kochen bringen. Unter gelegentlichem Rühren kochen, bis alles gar ist. Flüssigkeit bis zur gewünschten Konsistenz einreduzieren lassen.

Thai-Erdnuss-Nudeln

Für 4 Portionen

Zubereitungszeit: 40 Minuten

Schwierigkeitsgrad: leicht

Zutaten:

300 Gramm Spaghetti

800 Milliliter Gemüsebrühe

1 rote Paprikaschote

1 Möhre

3 Frühlingszwiebel, in Ringe

3 cm Ingwerknolle, gerieben

3 Knoblauchzehen, fein gewürfelt

120 Gramm geröstete, gesalzene Erdnüsse

1 Esslöffel Rohrzucker

2 Esslöffel Erdnussbutter

1 Esslöffel Tamarindenpaste

Saft einer Limette

1 Esslöffel Sojasauce

1 Bund Koriander

Zubereitung:

1. Möhre schälen, in feine Stifte schneiden. Paprika in Streifen schneiden.

2. Alle Zutaten bis auf Limettensaft und Koriander in einen Topf geben und zum Kochen bringen. Etwa 15 Minuten kochen.

3. Limettensaft unterrühren. Koriander hacken und über das Gericht geben.

Glasnudel-Curry

Für 2 Portionen

Zubereitungszeit: 20 Minuten

Schwierigkeitsgrad: leicht

Zutaten:

100 Gramm Glasnudeln

80 Gramm Udonnudeln

400 Milliliter Gemüsebrühe

400 Milliliter Kokosmilch

1 rote Paprikaschote

1 grüne Paprikaschote

4 Karotten

3 Esslöffel

Currypulver

1 Esslöffel Kokosöl

1 Esslöffel Paprikapulver

1 Esslöffel Srirachasauce

Zubereitung:

1. Karotten schälen und würfeln. Paprikaschoten in Stücke schneiden.

2. Kokosöl erhitzen und Karotten sowie Paprikaschoten darin anbraten. Paprikapulver, Srirachasauce, Kokosmilch, Brühe und Currypulver dazugeben und aufkochen lassen. 3. Nudeln dazugeben und alles garkochen.

Curry mit Mandel-Nuss-Tofu

Für 3 Portionen

Zubereitungszeit: 45 Minuten

Schwierigkeitsgrad: leicht

Zutaten:

200 Gramm Tofu

1 Zwiebel, gewürfelt

4 Knoblauchzehen, fein gewürfelt

1 gelbe Paprikaschote

1 rote Paprikaschote

1 Zucchini

2 cm Ingwerknolle, gerieben

1 Dose Kokosmilch

2 Teelöffel Kokosöl

2 Esslöffel rote Currypaste

4 Esslöffel Sojasauce

1 Limette

1 Esslöffel Speisestärke

1 Esslöffel brauner Zucker

1 Esslöffel Sweet Chili Sauce

Koriander

Salz, Pfeffer Thai-Basilikum

Zubereitung:

1. Paprika in Streifen schneiden. Zucchino und Tofu würfeln.

2. Kokosöl erhitzen. Knoblauch und Zwiebel darin anbraten. Curry und Tofu zu den Zwiebeln geben und

mitbraten. Zucchino, Paprika und Ingwer dazugeben, mitbraten.

3. Kokosmilch mit Speisestärke verrühren und unter das Gemüse rühren.

4. Restliche Zutaten bis auf Limette, Basilikum, Koriander, Salz und Pfeffer unterrühren und bis zur gewünschten Konsistenz köcheln lassen. Limette halbieren und auspressen. Saft zusammen mit Salz, Pfeffer, Koriander und Basilikum unter das Curry rühren.

Glasnudel-Topf mit Lachs

Für 4 Portionen

Zubereitungszeit: 20 Minuten

Schwierigkeitsgrad: leicht

Zutaten:

100 Gramm Glasnudeln

250 Gramm Lachsfilet

400 Milliliter Kokosmilch

2 cm Ingwerknolle, gerieben

2 Esslöffel Kokosöl

2 Knoblauchzehen, fein gewürfelt

1,2 Liter Gemüsebrühe

2 Esslöffel rote Currypaste

4 Esslöffel Saujasauce

Zubereitung:

1. Kokosöl erhitzen und Knoblauch, Currypaste und Ingwer darin anbraten. Lachs in Stücke schneiden, zum Kokosöl geben und eine Minute garen.

2. Mit Kokosmilch und Gemüsebrühe ablöschen.

3. Lachs bissfest garen, dann die Glasnudeln dazugeben und weichkochen. Sojasauce unterrühren.

Nudeln mit Pak Choi und Paprika

Für 2 Portionen

Zubereitungszeit: 20 Minuten

Schwierigkeitsgrad: leicht

Zutaten:

240 Gramm Hähnchenbrust

200 Gramm Pak Choi 1 rote Paprikaschote

230 Gramm Spaghetti

150 Milliliter Kokosmilch

20 Milliliter Sojasauce

20 Milliliter Sesamöl

2 Gramm Gewürzmischung

250 Milliliter Gemüsebrühe

Salz, Pfeffer

Zubereitung:

1. Pak Choi und Paprika in Streifen schneiden. Sojasauce und Gewürzmischung verrühren und das Fleisch darin etwa eine Stunde marinieren. Hähnchenfleisch würfeln.

2. Brühe und Kokosmilch zum Kochen bringen und alle Zutaten bis auf Salz, Pfeffer und Sesamöl hineingeben. Etwa 15 Minuten kochen lassen. Mit Salz und Pfeffer würzen und mit Sesamöl beträufeln.

Asiatischer Hähnchentopf mit Gemüse

Für 4 Portionen

Zubereitungszeit: 25 Minuten

Schwierigkeitsgrad: leicht

Zutaten:

500 Gramm Hähnchenbrust

300 Gramm Chinakohl

15 Gramm Ingwer, gerieben

1 Liter Hühnerbrühe

1 Stange Porree

2 rote Paprikaschoten

20 Gramm Butterschmalz

30 Gramm Glasnudeln

1 Teelöffel Sambal Oelek

4 Esslöffel Sojasauce

2 Esslöffel Speisestärke

6 Esslöffel Wasser Salz

Zubereitung:

1. Chinakohl und Paprikaschoten in Streifen, Porree in Ringe schneiden. Hähnchenfleisch würfeln.

2. Butterschmalz erhitzen, Hähnchenfleisch darin anbraten. Ingwer und Paprika dazugeben und mitbraten. Salz, Sambal Oelek und Hühnerbrühe dazugeben. Umrühren und aufkochen lassen.

3. Wasser, Sojasauce und Speisestärke verrühren und in die Brühe geben. Porree dazugeben und etwa 8 Minuten kochen. Chinakohl und Glasnudeln dazugeben und kurz kochen lassen.

One Pot Low Carb Rezepte

Zucchini-Spaghetti mit Feta und Zitrone

Für 1 Portion

Zubereitungszeit: 10 Minuten

Schwierigkeitsgrad: leicht

Zutaten:

2 kleine Zucchini

1 Knoblauchzehe, fein gewürfelt

3 Esslöffel Olivenöl

Saft einer Zitrone

100 Gramm Feta

Salz, Pfeffer

Zubereitung:

1. Aus den Zucchini mit dem Spiralschneider Nudeln schneiden.

2. Olivenöl erhitzen. Knoblauch darin anbraten und Zucchini-Nudeln dazugeben. Einige Minuten garen. Zitronensaft, Salz und Pfeffer dazugeben.

3. Mit zerbröseltem Feta servieren.

Hähnchen mit Gemüse und Erdnüssen

Für 2 Portionen

Zubereitungszeit: 20 Minuten

Schwierigkeitsgrad: leicht

Zutaten:

250 Gramm Hähnchenbrust

400 Gramm Zucchini

1 große Zwiebel, gewürfelt

3 Frühlingszwiebeln, in Ringe

1 Esslöffel rote Currypaste

50 Milliliter Kokosmilch

30 Gramm Erdnussbutter

2 Esslöffel Kokosöl

50 Milliliter Tomatenmark

Salz, Pfeffer

Zubereitung:

1. Hähnchenfleisch in feine Würfel schneiden. Zucchini raspeln.

2. Kokosöl erhitzen und Hähnchenfleisch darin anbraten. Fleisch würzen und aus dem Topf nehmen.

3. Zwiebel im Öl anbraten, Currypaste dazugeben und mitbraten. Gemüse in den Topf geben und ca. 5 Minuten braten.

4. Mit Kokosmilch ablöschen. Tomatenmark und Erdnussbutter unterrühren, Fleisch wieder dazugeben.

Zucchini-Nudeln mit Tomaten

Für 1 Portion

Zubereitungszeit: 20 Minuten

Schwierigkeitsgrad: leicht

Zutaten:

2 kleine Zucchini

250 Gramm Rispentomaten

1 Zwiebel, gewürfelt

1 Knoblauchzehe, fein gewürfelt

1 Bund Basilikum

3 Esslöffel Öl

30 Gramm Parmesan, gerieben

Salz, Pfeffer, Chilipulver

Zubereitung:

1. Aus den Zucchini mit dem Spiralschneider Nudeln schneiden. Basilikum in Streifen schneiden. Tomaten vierteln.

2. Öl erhitzen, Zwiebel und Knoblauch darin anbraten. Zucchini dazugeben und ca. 2 Minuten braten.

3. Würzen, dann Tomaten und Parmesan unterrühren und noch ca. 2 Minuten braten. Mit Basilikum servieren.

Zucchini-Hackfleisch-Topf

Für 5 Portionen

Zubereitungszeit: 45 Minuten

Schwierigkeitsgrad: leicht

Zutaten:

600 Gramm Rinderhack

900 Gramm Zucchini

400 Gramm Kirschtomaten

400 Gramm Dosentomaten in Stücken

100 Gramm Frischkäse

100 Gramm Tomatenpesto

1 Teelöffel Gemüsebrüh-Pulver

1 Teelöffel Fenchelsamen

2 Teelöffel Oregano

1 Teelöffel Paprikapulver, scharf

2 Esslöffel Öl

Salz, Pfeffer

60 Gramm Parmesan, gerieben

Zubereitung:

1. Tomaten und Zucchini würfeln. Hackfleisch mit Salz, Pfeffer, Paprikapulver und Fenchelsamen mischen.

2. Öl erhitzen und das Hackfleisch darin krümelig anbraten. Zucchini dazugeben und mitbraten. Gemüsebrüh-Pulver unter die Dosentomaten rühren. Dosentomaten und Kirschtomaten dazugeben und mitbraten.

3. Frischkäse und Tomatenpesto unterrühren. Mit Parmesan servieren.

Kohleintopf

Für 8 Portionen

Zubereitungszeit: 90 Minuten

Schwierigkeitsgrad: leicht

Zutaten:

1 Kopf Wirsingkohl

1 Kopf Weißkohl

500 Gramm Rinderhackfleisch

5 Zwiebeln, gewürfelt

5 Knoblauchzehen, fein gewürfelt

½ Ingwerknolle, gerieben

150 Gramm Speck

2 Liter Gemüsebrühe

3 Esslöffel Butterschmalz

Salz, Pfeffer

Zubereitung:

1. Vom Kohl die äußeren Blätter und den Strunk entfernen. Kohl in Streifen schneiden. Speck würfeln.

2. Vom Butterschmalz 2 Esslöffel erhitzen und Hackfleisch, Speck, Zwiebeln, Knoblauch und Ingwer darin anbraten. Wenn alles braun geworden ist, alles aus dem Topf nehmen.

3. Restliches Butterschmalz in den Topf geben. Kohl darin anbraten. Mit Gemüsebrühe ablöschen, Hackfleisch wieder dazugeben und alles noch ca. 30 Minuten kochen lassen. Salzen und pfeffern.

Gemüsepizzatopf

Für 2 Portionen

Zubereitungszeit: 30 Minuten

Schwierigkeitsgrad: leicht

Zutaten:

350 Gramm Zucchini

2 gelbe Paprikaschoten

250 Gramm Kirschtomaten

150 Gramm Champignons

1 Zwiebel, gewürfelt

1 Esslöffel Tomatenpesto

2 Esslöffel Olivenöl

1 Teelöffel Oregano, getrocknet

80 Gramm Paprika-Salami

100 Gramm Mozzarella

25 Gramm Parmesan, gerieben

Salz, Pfeffer

Zubereitung:

1. Zucchini raspeln, Tomaten halbieren, Paprika in Streifen schneiden. Salami würfeln. Champignons putzen und in Scheiben schneiden.

2. Öl erhitzen, Zwiebeln darin anbraten. Salami, Paprika, Zucchini und Champignons dazugeben und anbraten. Tomaten und Oregano unterrühren und mitbraten.

3. Mozzarella kleinschneiden und mit den restlichen Zutaten in den Eintopf geben, ca. 2 Minuten kochen lassen.

Blumenkohltopf mit Tomaten

Für 3 Portionen

Zubereitungszeit: 30 Minuten

Schwierigkeitsgrad: leicht

Zutaten:

1 kg Blumenkohl

1 rote Paprikaschote

1 Zwiebel, gewürfelt

2 Knoblauchzehen, fein gewürfelt

200 Gramm Cabanossi

200 Milliliter Sahne

2 Esslöffel Öl

100 Gramm Emmentaler, gerieben

½ Bund Petersilie, gehackt

Salz, Pfeffer

Zubereitung:

1. Blumenkohl in Röschen teilen, Paprika würfeln, Cabanossi in Scheiben schneiden.

2. Öl erhitzen, Zwiebel und Knoblauch darin anbraten. Blumenkohl und Paprika dazugeben und anbraten.

3. Wurst und Petersilie unterrühren, mit Sahne ablöschen und garen. Käse, Salz und Pfeffer unterrühren.

Pasta mit Lachs-Sahne-Sauce

Für 2 Portionen

Zubereitungszeit: 20 Minuten

Schwierigkeitsgrad: leicht

Zutaten:

2 Zucchini

125 Gramm Stremel-Lachs

1 Zwiebel, gewürfelt

150 Milliliter Sahne

1 Knoblauchzehe, fein gewürfelt

1 Esslöffel Öl

1 Esslöffel Erythrit

Salz, Pfeffer

Zubereitung:

1. Aus den Zucchini mit dem Spiralschneider Spaghetti schneiden.

2. Öl erhitzen, Zwiebel und Knoblauch darin anbraten. Erythrit darüber streuen und karamellisieren. Sahne dazugeben und einkochen lassen. Lachs zerrupfen und in die Sahne geben, köcheln lassen.

3. Zucchini-Nudeln dazugeben und noch kurz köcheln lassen.

Spaghetti mit Rucola

Für 2 Portionen

Zubereitungszeit: 15 Minuten

Schwierigkeitsgrad: leicht

Zutaten:

200 Gramm Low-Carb-Spaghetti

300 Gramm Kirschatomaten

2 Handvoll Rucola

2 Esslöffel Pinienkerne

60 Gramm Parmesan, gerieben

1 Knoblauchzehe, fein gewürfelt

2 Esslöffel Olivenöl

Salz, Pfeffer

Zubereitung:

1. Nudeln in Salzwasser kochen. Pinienkerne in einer beschichteten Pfanne anrösten. Tomaten halbieren.

2. Öl erhitzen, Tomaten und Knoblauch darin anbraten, mit Salz und Pfeffer würzen.

3. Nudeln aus dem Wasser nehmen und zu den Tomaten geben. Rucola unterrühren und noch eine Minute köcheln lassen. Mit Parmesan und Pinienkernen servieren.

Zucchini-Nudeln mit Garnelen und Tomaten

Für 2 Portionen

Zubereitungszeit: 20 Minuten

Schwierigkeitsgrad: leicht

Zutaten:

500 Gramm Zucchini

200 Gramm Kirschtomaten

200 Gramm Garnelen ohne Kopf und Schale

2 Zwiebeln, gewürfelt

2 Knoblauchzehen, fein gewürfelt

200 Milliliter Gemüsebrühe

1 Zitrone

50 Milliliter Sesamöl

Salz, Pfeffer

Zubereitung:

1. Aus den Zucchini mit dem Spiralschneider Spaghetti schneiden. Tomaten halbieren. Von der Zitrone die Schale abreiben und den Saft auspressen.

2. Öl erhitzen und Zwiebeln, Knoblauch und Garnelen darin anbraten. Garnelen herausnehmen, Tomaten hineingeben und kurz braten.

3. Zucchininudeln und Gemüsebrühe dazugeben, ca. 4 Minuten kochen lassen. Zitronenschale, Zitronensaft, Salz, Pfeffer und Tomaten unterrühren. Mit den Garnelen servieren.

One Pot Gerichte für Kinder

Brokkoli-Pasta

Für 4 Portionen

Zubereitungszeit: 30 Minuten

Schwierigkeitsgrad: leicht

Zutaten:

500 Gramm Brokkoli

200 Gramm Putenschnitzel

150 Gramm Reisnudeln

½ Stange Porree

50 Gramm Frischkäse

50 Milliliter Milch

Wasser

1 Esslöffel Öl

Zubereitung:

1. Brokkoli in Röschen teilen, Porree in Ringe schneiden. Putenschnitzel in kleine Würfel schneiden.

2. Öl erhitzen, Putenfleisch darin anbraten. Porree und Brokkoli dazugeben, mitbraten. Reisnudeln und Wasser dazugeben, sodass alles bedeckt ist. Kochen, bis Brokkoli und Nudeln weich sind.

3. Nach der Hälfte der Garzeit Frischkäse und Milch unterrühren.

Konfettipfanne

Für 2 Portionen

Zubereitungszeit: 30 Minuten

Schwierigkeitsgrad: leicht

Zutaten:

250 Gramm Räuchertofu

250 Gramm Gabelspaghetti

300 Gramm Tiefkühl-Erbsen

1 rote Paprikaschote

1 Dose Mais

1 Zwiebel, gewürfelt

250 Milliliter Sahne

Wasser

Salz

Zubereitung:

1. Paprika in Streifen schneiden, Tofu zerbröseln.

2. Alle Zutaten bis auf die Sahne in einen Topf geben. Heißes Wasser auffüllen, bis alles bedeckt ist. Unter Rühren zum Kochen bringen.

3. Solange kochen, bis Nudeln und Paprika gar sind. Sahne unterrühren.

Nudeln mit Kürbis

Für 3 Portionen

Zubereitungszeit: 25 Minuten

Schwierigkeitsgrad: leicht

Zutaten:

350 Gramm Hokkaido-Kürbis

120 Gramm Möhren

1 Zwiebel, gewürfelt

250 Gramm Penne

400 Milliliter Gemüsebrühe

400 Milliliter Kokosmilch

2 Esslöffel Öl

Zubereitung:

1. Kürbis und Möhren schälen und würfeln.

2. Öl erhitzen und die Zwiebel darin ablöschen. Möhren und Kürbis zu den Zwiebeln geben und 5 Minuten kochen.

3. Nudeln dazugeben und unter Rühren garen.

Schupfnudeltopf

Für 3 Portionen

Zubereitungszeit: 10 Minuten

Schwierigkeitsgrad: leicht

Zutaten:

1 Packung Schupfnudeln

3 große Champignons

1 rote Paprikaschote

100 Milliliter Sahne

1 Esslöffel gehackte Petersilie

1 Esslöffel Öl

Zubereitung:

1. Champignons putzen und in Scheiben schneiden. Paprikaschote fein würfeln.

2. Öl erhitzen und Champignons, Paprika und Schupfnudeln darin anbraten.

3. Sahne und Petersilie dazugeben und kurz aufkochen lassen.Die Eiweiße in feine sie ganz fein zu hacken.

Nudeln mit Tomatensauce

Für 4 Portionen

Zubereitungszeit: 30 Minuten

Schwierigkeitsgrad: leicht

Zutaten:

400 Gramm passierte Tomaten

12 Kirschtomaten

1 Zucchino

1 Knoblauchzehe, fein gewürfelt

1 Möhre

2 Datteln

2 Teelöffel getrockneter Oregano

1 Teelöffel getrockneter Thymian

1 Bund Basilikum, gehackt

2 Esslöffel Tomatenmark

1 Esslöffel Olivenöl

400 Gramm Spaghetti

Zubereitung:

1. Möhre schälen und würfeln. Tomaten halbieren. Zucchini und Datteln fein würfeln.

2. Olivenöl erhitzen und Möhre sowie Zucchini darin anbraten. Nudeln, Datteln, Dosentomaten, Tomatenmark, Knoblauch, Oregano und Thymian zum Gemüse geben und etwa 15 Minuten kochen.

3. Kirschtomaten dazugeben und noch ca. 5 Minuten kochen.

Hühner-Gemüse-Topf

Für 4 Portionen

Zubereitungszeit: 50 Minuten

Schwierigkeitsgrad: leicht

Zutaten:

600 Gramm Hühnerbrust

500 Milliliter Gemüsebrühe

200 Milliliter Apfelsaft

400 Gramm Dosentomaten, in Stücken

1 Zwiebel, gewürfelt

3 Knoblauchzehen, fein gewürfelt

6 Kartoffeln

4 Möhren

200 Gramm Tiefkühl-Erbsen

3 Stangen Staudensellerie

2 Esslöffel Olivenöl

Etwas Rosmarin, gemahlen

Salz, Pfeffer

Zubereitung:

1. Kartoffeln und Möhren schälen und würfeln. Sellerie in Scheiben schnHJeiden.

2. Öl erhitzen, Zwiebel und Knoblauch darin anbraten. Hühnerfleisch dazugeben und anbraten. Mit Brühe, Apfelsaft und Dosentomaten ablöschen. Sellerie, Möhren und Kartoffeln dazugeben und 30 Minuten kochen.

3. Etwa 5 Minuten vor Ende der Garzeit die Erbsen dazugeben. Mit Salz, Pfeffer und Rosmarin abschmecken.

Roter Linseneintopf

Für 6 Portionen

Zubereitungszeit: 50 Minuten

Schwierigkeitsgrad: leicht

Zutaten:

500 Gramm rote Linsen

1 Liter Gemüsebrühe

250 Gramm Speck

3 Zwiebeln, gewürfelt

2 Knoblauchzehen, fein gewürfelt

1 Möhre

1 große Kartoffel

1 Stange Porree

1 rote Paprikaschote

Salz, Pfeffer

Zubereitung:

1. Speck in Würfel schneiden. Möhren und Kartoffeln schälen und würfeln. Paprikaschote in Würfel, Porree in Ringe schneiden.

2. Speck im Topf auslassen, Zwiebeln, Knoblauch, Gemüse und Kartoffeln im Speckfett anbraten.

3. Linsen und Brühe dazugeben und 40 Minuten kochen. Mit Salz und Pfeffer würzen.

Chili con Carne für Kinder

Für 7 Portionen

Zubereitungszeit: 45 Minuten

Schwierigkeitsgrad: leicht

Zutaten:

1,3 kg Rinderhack

750 Gramm Kidneybohnen aus der Dose

750 Gramm stückige Dosentomaten

500 Milliliter passierte Tomaten

2 Dosen Mais

2 Gemüsezwiebeln, gewürfelt

3 Knoblauchzehen, gewürfelt

3 Esslöffel Tomatenmark

4 Teelöffel Paprikapulver edelsüß

1 Teelöffel Paprikapulver rosenscharf

2 Teelöffel Tomatenketchup

3 Esslöffel Olivenöl

Salz, Pfeffer

Zubereitung:

1.Olivenöl erhitzen. Hackfleisch darin krümelig anbraten. Zwiebeln und Knoblauch dazugeben und mitbraten.

2. Mais und Tomaten dazugeben und 5 Minuten köcheln lassen.

3. Bohnen, Ketchup, Tomatenmark, Paprikapulver, Salz und Pfeffer dazugeben und weitere 30 Minuten köcheln lassen.

Bohnentopf mit Nudeln

Für 4 Portionen

Zubereitungszeit: 30 Minuten

Schwierigkeitsgrad: leicht

Zutaten:

250 Gramm Tiefkühl-Bohnen

250 Gramm Mettwurst, ohne Darm

1 Dose stückige Tomaten (425 Gramm)

200 Gramm Hörnchennudeln

250 Gramm Möhren

1 Zwiebel, gewürfelt

2 Knoblauchzehen, fein gewürfelt

1 Liter Gemüsebrühe

1 Esslöffel Tomatenmark

1 Teelöffel Bohnenkraut, getrocknet

Paprikapulver, Salz, Pfeffer

Zubereitung:

1. Möhren schälen und in Streifen schneiden.

2. Öl erhitzen und Zwiebeln, Knoblauch und Möhren darin anbraten. Salz, Pfeffer, Paprikapulver und Tomatenmark dazugeben. Mit Brühe ablöschen. Bohnen und Bohnenkraut dazugeben, etwa 10 Minuten kochen. Nudeln in Salzwasser garen.

3. Aus der Mettwurst kleine Klößchen formen. Mettwurst, Tomaten und Nudeln in den Eintopf geben und kurz aufkochen.

Wirsing-Farfalle-Eintopf

Für 4 Portionen

Zubereitungszeit: 50 Minuten

Schwierigkeitsgrad: leicht

Zutaten:

600 Gramm Wirsingkohl

300 Gramm Möhren

150 Gramm Farfalle

1 Zwiebel, gewürfelt

300 Gramm Hackfleisch

1 Scheibe Toastbrot

1,5 Liter Gemüsebrühe

5 Esslöffel Olivenöl

1 Dose Mais

1 Teelöffel Senf

1 ½ Esslöffel Paprikapulver

Salz, Pfeffer

Zubereitung:

1. Vom Wirsing die äußern Blätter und den Strunk entfernen. Wirsing in Streifen schneiden. Möhren schälen und in Scheiben schneiden.

2. Vom Öl 3 Esslöffel erhitzen und die Hälfte der Zwiebelwürfel darin anbraten. Möhren und Wirsing dazugeben und mitbraten. Brühe auffüllen, etwa 20 Minuten kochen lassen. Farfalle in Salzwasser bissfest garen.

3. Toastbrot kurz in Wasser einweichen, ausdrücken und dann mit restlichen Zwiebelwürfeln, Senf, Salz, Pfeffer und Paprikapulver zum Hackfleisch geben.

4. Verkneten und zu kleinen Bällchen formen.
Restliches Olivenöl erhitzen und die Hackbällchen darin braten. Mais abtropfen lassen und zusammen mit Farfalle und Hackbällchen zum Eintopf geben.

One Pot Desserts

Birnen auf Blätterteig

Zutaten für 6 Portionen:

1 Pkg. Blätterteig, fertig aus der Kühlvitrine

3 Birnen

80 g Rohrzucker

100 g Walnüsse

50 g Butter, gut gekühlt

Zubereitung:

1. Das Backrohr auf 180 Grad vorheizen. Die Birnen schälen, entkernen und in Spalten schneiden.

2. In einem Topf (hitzebeständig für den Backofen) die Walnüsse verteilen. Den Rohrzucker darüber streuen.

3. Nun die Butter flöckchenweise über die Nüsse verteilen und darauf die Birnenspalten legen.

4. Den Blätterteig ausrollen, über die Birnen legen. Die Blätterteigecken großzügig abschneiden. Den Teig gut andrücken.

5. Etwa 15-20 Minuten lang backen.

Kuchen im Topf

Zutaten für 6 Portionen

150 g Mehl

100 g Rohrzucker

2 TL Vanillezucker

1 TL Backpulver

100 g Butter

1 Ei

50 g Schoko-Drops, Zartbitter

50 g Haselnüsse, grob gehackt

Salz

Zubereitung:

1. Den Backofen auf 180 Grad vorheizen.

2. In einem Topf (hitzebeständig für den Backofen) die Butter im Backrohr zerschmelzen lassen.

3. Dazwischen das Ei mit dem Zucker verquirlen und in die Butter einrühren. Das Mehl und das Backpulver einsieben, 1 Prise Salz hinzufügen und mit einem Holzlöffel unter die Ei-Zucker-Masse heben.

4. Die Schoko-Drops und die Haselnüsse mischen und gleichmäßig über den Teig streuen.

5. Den Kuchen im Topf etwa 20 Minuten lang backen.

Milchreis

Zutaten für 4 Portionen

200 g Rundkornreis

500 ml. Milch

250 ml. Kokosmilch

1 Pkg. Vanillezucker

100 g getrocknete Marillen

50 g Kokosflocken

Zubereitung:

1. In einem Topf die Milch und Kokosmilch, zusammen mit dem Vanillezucker und Reis zum Kochen bringen. Bei reduzierter Hitze das Ganze 5 Minuten lang köcheln lassen. Die Herdplatte ausschalten und weitere 10 Minuten lang garen.

2. Dazwischen die getrockneten Marillen in kleine Würfel schneiden. Den Milchreis in Gläser füllen, mit den Obststückchen belegen und mit den Kokosflocken bestreuen.

Heidelbeer-Omelette mit Vanilleeis

Zutaten für 2 Portionen

50 g Mehl

1 EL Zucker

1 Ei

100 ml Milch

1 Tasse Heidelbeeren

1 EL Butter

1 Prise Salz

Zubereitung:

1. Die Heidelbeeren waschen und abtropfen lassen.

2. In einer Schüssel die Zutaten (außer Butter und Beeren) gut abschlagen und etwas rasten lassen.

3. In einer Pfanne die Butter zerlassen, den Teig eingießen und die Beeren darauf gleichmäßig verteilen. Wenn die Oberfläche nicht mehr flüssig ist, das Ganze umdrehen und fertig backen.

4. Die Omelette herausnehmen und halbieren. Auf einen Teller legen, auf einem Viertelteil eine Kugel Vanilleeis setzen und mit dem zweiten Viertelteil zudecken.

Tipp: Mit Schlagsahne verzieren.

1. Auflage

Kontakt: JT-Handels-UG/ Berumer Str. 44/ 26844 Jemgum